जनादेश 2024

हिंदुत्व की हैट्रिक

जनादेश 2024

हिंदुत्व की हैट्रिक

हर्ष कुमार

प्रभात प्रकाशन

प्रकाशक

प्रभात प्रकाशन प्रा. लि.

4/19 आसफ अली रोड, नई दिल्ली–110002

फोन : 011–23289777 • हेल्पलाइन नं. : 7827007777

इ–मेल : prabhatbooks@gmail.com ❖ वेब ठिकाना : www.prabhatbooks.com

संस्करण

प्रथम, 2025

पेपरबैक मूल्य

तीन सौ रुपए

मुद्रक

आर–टेक ऑफसेट प्रिंटर्स, दिल्ली

★

HINDUTVA KI HATTRICK
by Shri Harsh Kumar

Published by **PRABHAT PRAKASHAN PVT. LTD.**
4/19 Asaf Ali Road, New Delhi-110002

ISBN 978-93-5562-459-8

₹ 300.00 (PB)

पिताजी को समर्पित

जिनकी वजह से पत्रकारिता का डी.एन.ए. मिला।

हर्ष की बात

सर्वप्रथम, पुस्तक लिखना आसान काम नहीं। इस पुस्तक के लेखन के दौरान मैंने इसे भली-भाँति समझ लिया। पता नहीं कैसे कुछ लोग हर साल एक-दो पुस्तकें लिख देते हैं? अपने अनुभव से तो यही समझ में आया कि वे लोग या तो दूसरों से या किसी साथी की सहायता से पुस्तक लिखवाते होंगे या फिर उनके पास कुछ काम नहीं। सचमुच बहुत ही परिश्रम का काम है पुस्तक लिखना और अगर आपको एक निर्धारित टाइम फ्रेम में लिखनी हो तो और भी कठिन। इस पुस्तक को लिखने का मन उस समय बनाया था, जब 'लोकसभा चुनाव 2024' की तारीखों की भी घोषणा नहीं हुई थी। 2023 का संसद का शीतकालीन सत्र चल रहा था तो उसी समय खयाल आया कि इस बार चुनावों को लेकर एक पुस्तक लिखी जाए। प्रकाशक महोदय ने भी उत्साहित किया और कहा कि बिल्कुल लिखिए और अभी से लिखनी शुरू कर दीजिए, कुछ लोगों ने तो शुरू कर भी दी है, जिससे पुस्तक को चुनाव के नतीजे आते ही बाजार में लाया जा सके। बात तो उनकी सही थी, लेकिन अगर पूरी तरह से उनकी बात मान ली होती तो शायद पुस्तक नए सिरे से संपादित या री-राइट करनी पड़ती। मजे की बात यह है कि कुछ जाने-माने पत्रकारों ने तो ऐसी पुस्तकें लिखी भी, जो परिणाम सामने आते ही बाजार में आ चुकी थीं। आप सोच सकते हैं कि उन्होंने क्या लिखा होगा?

इस बार चुनावों से पहले कुछ और माहौल बन रहा था और चुनाव प्रचार व मतदान के समय में कुछ और बातें सामने आ रही थीं और अंत में नतीजे कुछ और ही सामने आए। ऐसे में पुस्तक का टाइम पीरियड अगर एक

नहीं होता तो फिर सारा खेल ही बिगड़ जाता। या तो पुस्तक चुनावी प्रक्रिया शुरू होने से पहले लिखी जा सकती थी या फिर परिणाम आने के बाद। ऐसे में मैंने सोचा कि चुनाव नतीजे आने के बाद ही पुस्तक लिखी जाएगी। कंटेंट की चिंता तो रत्ती भर नहीं थी। अपने तीनों यूट्यूब चैनल्स (हर्ष की बात लाइव, हर्ष कुमार व ग्लोबल हर्ष) के लिए रोजाना कई-कई पेज का कंटेंट तारीख समेत रजिस्टर में नोट करता ही हूँ। तो भरोसा था कि जिस दिन लिखना चाहूँगा, भरपूर मसाला उपलब्ध होगा। बस तय यह करना था कि क्या-क्या लेना है और क्या छोड़ना है ? यह भी कम आसान काम नहीं था।

रोजाना कम-से-कम तीन वीडियो के लिए सामग्री तैयार करना, वीडियो शूट करना या लाइव जाना और इसके बाद बहुत से तकनीकी काम और घर-परिवार की जिम्मेदारियाँ। इन सबके बीच लेखन के लिए समय निकालना आसान नहीं था। ये तो तय कर लिया था कि इस पुस्तक के लेखन में किसी की रत्ती भर भी मदद नहीं लूँगा। अपनी क्षमता और कंप्यूटर पर टाइप करने की स्पीड पर पूरा भरोसा था। इसके बाद भी लगभग दो महीने का समय लग गया पुस्तक पूरी करने में।

ईमानदारी से बताऊँ तो मैंने इसके लेखन के समय कोई योजना नहीं बनाई। यह भी तय नहीं किया कि किन-किन बिंदुओं को पूरी तरह से कवर करना है। हो सकता है कि इसी अति आत्मविश्वास में कुछ छूट भी गया हो। पर इतना विश्वास दिलाता हूँ कि अगर आप इस पुस्तक को पूरी पढ़ेंगे तो किसी-न-किसी अध्याय में आपको लगभग सभी बिंदुओं को छूने की कोशिश जरूर नजर आ जाएगी। उदाहरण के तौर पर, विपक्ष द्वारा बनाए गए इंडिया ब्लॉक का घटनाक्रम आपको शायद अलग से न मिले, लेकिन नीतीश कुमार के बारे में जब आप पढ़ेंगे तो इसके बारे में पूरी जानकारी वहाँ मिलेगी।

हर विषय पर अलग से अध्याय लिख पाना संभव भी नहीं। हो सकता है, पुस्तक और मोटी हो जाती, लेकिन जो आवश्यक तथ्य मुझे लगा कि सामने लाए जाने चाहिए थे, वे इसमें लिखने की पूरी कोशिश की है। फिर अखबार की नौकरी व यूट्यूब चैनल के दायित्व ने ये तो सिखा ही दिया है कि जो बात कहनी है, कम समय में कहो, किसी के पास इतना समय नहीं। इतना भरोसे

के साथ कह सकता हूँ कि चुनाव परिणामों को बताते हुए हर राज्य की अलग से समीक्षा करने का जो प्रयास इस पुस्तक में किया गया है, वैसा आज तक किसी ने नहीं किया होगा। इसमें सावधानी भी बहुत बरतनी पड़ी और समय भी भरपूर लगा। आँकड़े बहुत अलग-अलग थे। कोई कुछ बता रहा था तो कोई कुछ। अंत में तय किया कि चुनाव आयोग के अधिकृत आँकड़ों पर ही भरोसा करूँगा। वैसे भी चुनाव आयोग ने इस बार बहुत ही बेहतरीन तरीके से हर राज्य के चुनाव नतीजों को अपनी वेबसाइट पर ग्राफिक्स के माध्यम से शेयर किया है। प्रतिदिन एक राज्य के आँकड़े खोलना और फिर उसी पर लिखना। अधिक-से-अधिक आँकड़ों का इस्तेमाल करने का एक और नुकसान है। बार-बार कंप्यूटर पर की-बोर्ड बदलना पड़ता है। हिंदी में अगर आप टाइप कर रहे हैं तो अंक भी हिंदी में आते हैं, लेकिन प्रचलन में अंग्रेजी के अंक हैं तो बार-बार की-बोर्ड को हिंदी-अंग्रेजी के बीच में परिवर्तित करना पड़ता है।

पुस्तक का एक-एक शब्द खुद लिखा व संपादित किया है, इसलिए शायद इतनी बारीक बातें भी आपसे साझा कर रहा हूँ। वैसे तो सभी अध्याय लिखने में मुझे आनंद आया, लेकिन अपनी बिरादरी यानी मीडिया पर लिखा गया चैप्टर मेरे दिल के सबसे करीब है। और पुस्तक का यह भाग आपको भी पसंद आने वाला है। इस प्रकार के विषयों पर बहुधा लोग लिखते नहीं हैं। मीडिया हाउसों व चैनल्स के नाम लेना लोग पसंद नहीं करते और पत्रकार तो डरते हैं। सबके मन में भय रहता है कि पता नहीं कब किससे क्या काम पड़ जाए। फिर अब तो जमाना सोशल मीडिया व यूट्यूब चैनल्स का है। सभी का जिक्र करने का प्रयास किया है और ईमानदारी के साथ किया है। इस अध्याय को लिखना मेरे लिए बाएँ हाथ का खेल था, इसलिए एक ही साँस में लिख गया। और अंत में जब शब्दों की संख्या पर ध्यान गया तो यही अध्याय सबसे बड़ा निकला। पर इस बात का जरा भी मलाल नहीं है कि यह चैप्टर इतना बड़ा हो गया। मेरा मानना है कि इस विषय पर एक अध्याय नहीं, पूरी पुस्तक भी लिखी जा सकती थी, और लिखूँगा भी। यह उस समय महसूस किया, जब इस अध्याय को लिखने के बाद इसे संपादित कर रहा था। मन कर रहा था

कि कुछ और बातें इसमें जोड़ दी जाएँ, लेकिन यूट्यूब ने एक बात तो सिखा ही दी है कि कम समय में ही ज्यादा बात कही जाए, नहीं तो दर्शक बोर हो जाते हैं। इसलिए किसी भी चैप्टर को जरूरत से ज्यादा खींचने का प्रयास नहीं किया है। ईमानदारी से जिस विषय पर जितना लिखना जरूरी लगा, उतना लिख रहा हूँ। आशा है, आपको पसंद आएगा। आपकी प्रतिक्रियाओं की इ–मेल (harsh-kumar@outlook.com) पर प्रतीक्षा रहेगी।

—हर्ष कुमार

अनुक्रम

हर्ष की बात *7*

भाग–1

1. मोदी मैजिक, मेंडेट और मैसेज 15
2. मुसलिम वोटों का मकड़जाल 22
3. उदासीन और खामोश मतदाता! 27
4. राम मंदिर का चुनावी संदर्भ 34
5. वामपंथ का अंत 37
6. मीडिया कवरेज : चुनाव 2024 41
7. एग्जिट पोल्स का तिलिस्म टूटा 50
8. हिंदुत्व की एक और जीत 55

भाग–2

1. उत्तर प्रदेश : कैसे बिगड़ा गणित? 63
2. महाराष्ट्र : असली–नकली का खेल 78
3. पश्चिम बंगाल, बिहार और झारखंड 85

4. पंजाब : अलगाववाद का धुआँ 94
5. जिसकी दिल्ली, उसका देश 100
6. दक्षिण ने दिखाया दम 110
7. जाटलैंड-राजपुताना में बिगड़ा खेल 121
8. भगवा लहर के साक्षी बने काउ स्टेट्स 128
9. जय जगन्नाथ 136
10. असम और उत्तर-पूर्व 140
11. 370 के बाद का जम्मू-कश्मीर 146

भाग-1

मोदी मैजिक, मेंडेट और मैसेज

2024 के लोकसभा चुनाव ऐतिहासिक रहे, इसमें कोई दो राय नहीं। पूर्वानुमानों के अनुसार जनता ने नरेंद्र मोदी को लगातार तीसरी बार प्रधानमंत्री बनने का मेंडेट दिया, साथ ही सतर्क करते हुए भविष्य के लिए एक मैसेज भी दिया। 1962 के बाद ऐसा पहली बार हुआ कि कोई सरकार केंद्र में लगातार तीसरी बार सत्ता में आई। 543 के सदन में बीजेपी को 240 सीटें मिलीं और इसके नेतृत्ववाले एन.डी.ए. को 293 सीटें, जो बहुमत के लिए आवश्यक 272 के आँकड़े से 21 अधिक हैं। फर्क इतना है कि इस बार बीजेपी को 63 सीटों का नुकसान हुआ। पाँच साल पहले उसने 303 सीटें जीती थीं। लेकिन इससे कोई इनकार नहीं कर सकता कि नरेंद्र मोदी एक बार फिर देश के सर्वमान्य नेता के रूप में उभरे।

जनता ने यह संदेश भी दिया कि वह प्रधानमंत्री के पद पर अभी किसी और को नहीं देखना चाहती। अलबत्ता, एक संदेश देते हुए उन्हें गठबंधन के सहयोगियों के साथ मिलकर चलने के लिए जरूर कह दिया। लोकसभा चुनाव के साथ-साथ चार विधानसभाओं (आंध्र प्रदेश, अरुणाचल प्रदेश, ओडिशा और सिक्किम) के चुनाव भी हुए और सभी में एन.डी.ए. की ही सरकारें बनीं। ओडिशा में तो पहली बार बीजेपी ने अपने दम पर सरकार बनाई।

नरेंद्र मोदी की वैश्विक छवि भी और मजबूत हुई। वे इस समय विश्व में सबसे लंबे समय तक एक ही पद पर रहने वाले राष्ट्राध्यक्ष भी बन गए। हालाँकि कुछ विशेषज्ञों ने इन चुनावों के नतीजों को 'जीत में छिपी हार' के रूप में परिभाषित करने की कोशिश जरूर की, लेकिन ऐसा हुआ नहीं। लगातार तीन

बार से सत्ता में चल रही किसी भी सरकार के खिलाफ नाराजगी हो सकती है। जिसे चुनावी भाषा में एंटी इन्कमबेंसी कहा जाता है। पर यह पहली बार देखने को मिला कि लोग सरकार की नीतियों की आलोचना कर रहे हैं, असहज हैं, बेचैन हैं, असंतुष्ट हैं, लेकिन फिर भी जब उनसे प्रधानमंत्री पद के लिए विकल्प के बारे में पूछा जाता है तो वे नरेंद्र मोदी का ही नाम लेते हैं।

संविधान, आरक्षण और चार सौ का जोश

'अबकी बार 400 पार' का नारा जो नरेंद्र मोदी ने दिया, उसकी विवेचना भी गलत तरीके से की जा रही है। अगर कोई भी नेता अपनी पार्टी के कार्यकर्ताओं से चुनाव मैदान में जाने का आह्वान करता है तो वह पिछले चुनाव से अधिक बड़ी जीत का ही लक्ष्य तय करता है। इसमें नरेंद्र मोदी ने कुछ भी गलत नहीं किया। अलबत्ता कांग्रेस और इंडिया ब्लॉक के दलों ने इस 400 पार के नारे को 'संविधान बदलने की नीयत' के साथ जोड़ दिया। और जब भी संविधान बदलने की बात होगी तो सबसे बड़ी चिंता आरक्षण को लेकर ही बनेगी। दलित, आदिवासी व पिछड़े वर्गों के मतदाताओं के भीतर यह भाव भर दिया गया कि यदि मोदी इस बार 400 से ज्यादा सीटें ले आए तो वे इतने ताकतवर हो जाएँगे कि उन्हें किसी भी बिल को पास कराने के लिए संसद की मंजूरी की जरूरत ही नहीं होगी। और सबसे पहले आरक्षण ही खत्म किया जाएगा। मुसलमानों को भी डराया गया कि मोदी तीसरी बार सत्ता में आए तो आपका यहाँ रहना कठिन हो जाएगा। सी.ए.ए., यू.सी.सी., एन.आर.सी., तीन तलाक जैसे मुद्दे मुसलमानों के दिमाग में पहले से ही चल रहे थे। इसलिए मुसलमानों ने एकजुट होकर

दलित, आदिवासी व पिछड़े वर्गों के मतदाताओं के भीतर यह भाव भर दिया गया कि यदि मोदी इस बार 400 से ज्यादा सीटें ले आए तो वे इतने ताकतवर हो जाएँगे कि उन्हें किसी भी बिल को पास कराने के लिए संसद की मंजूरी की जरूरत ही नहीं होगी। और सबसे पहले आरक्षण ही खत्म किया जाएगा।

बीजेपी के खिलाफ वोट दिया। जहाँ कांग्रेस का प्रत्याशी था, वहाँ उसके साथ गए और जहाँ समाजवादी पार्टी या किसी अन्य क्षेत्रीय दल का प्रत्याशी (जो इंडिया ब्लॉक का सदस्य हो) था, उसे वोट दिया। उदाहरण के तौर पर मायावती यू.पी. में इंडिया ब्लॉक के साथ नहीं थीं, तो मुसलमानों ने उनके मुसलिम प्रत्याशियों को भी नहीं पूछा। असम का उदाहरण ले लीजिए। ढुबरी लोकसभा सीट से सांप्रदायिक पार्टी कही जाने वाली ए.आई.यू.डी. एफ. के नेता बदरुद्दीन अजमल तीन बार से जीतते आ रहे थे, लेकिन इस बार मुसलमानों ने कांग्रेस के प्रत्याशी को 14 लाख वोट दिए और अजमल दस लाख से भी अधिक मतों के अंतर से हारे। जबकि अजमल की पार्टी को कट्टर सांप्रदायिक पार्टी माना जाता है। मदरसों व अन्य शिक्षण संस्थानों की आड़ में अजमल ने धर्मांतरण व बांग्लादेशी घुसपैठ को खूब बढ़ावा दिया है। उनके दर्जनों विधायक विधानसभा में जीतते रहे हैं, लेकिन मुसलमानों को लगा कि अजमल को वोट देने का मतलब है, इंडिया ब्लॉक को कमजोर करना। और इसलिए अजमल के बजाय कांग्रेस को वोट दिया। यह चलन पूरे देश में देखने को मिला।

मदरसों व अन्य शिक्षण संस्थानों की आड़ में अजमल ने धर्मांतरण व बांग्लादेशी घुसपैठ को खूब बढ़ावा दिया है। उनके दर्जनों विधायक विधानसभा में जीतते रहे हैं, लेकिन मुसलमानों को लगा कि अजमल को वोट देने का मतलब है, इंडिया ब्लॉक को कमजोर करना।

नरेंद्र मोदी को इस बात का श्रेय तो इस चुनाव ने दिलवा ही दिया कि वे पैन इंडिया पार्टी के पैन इंडिया नेता हैं, जिनकी देश के हर हिस्से में स्वीकार्यता है। नरेंद्र मोदी ने अपने निजी प्रयासों से दक्षिण भारत के राज्यों में जिस प्रकार बीजेपी के ग्राफ को उठाया, वो शानदार है। केरल में पहली बार लोकसभा सीट जीतकर मोदी ने वह कारनामा कर दिखाया, जिसकी कल्पना भी नहीं की जा सकती थी। तेलंगाना में बीजेपी ने अपनी सीटों की संख्या चार से आठ कर ली। तमिलनाडु में सीटें नहीं मिलीं, लेकिन मत प्रतिशत को बहुत आगे बढ़ा दिया और भविष्य के लिए नींव

डाल दी। आंध्र प्रदेश में टी.डी.पी. के साथ रणनीतिक समझौता तो चमत्कारी साबित हुआ। यहाँ विधानसभा में टी.डी.पी. की सरकार तो बनी ही, साथ ही एन.डी.ए. को एक ऐसा सहयोगी भी मिला, जिसने बीजेपी की घटी सीटों के बावजूद उसे केंद्र में मजबूत व स्थिर सरकार बनाने में सहयोग दिया।

दलित, युवाओं की नाराजगी

मेरा मानना है कि मुसलमान व दलित वोटों का बीजेपी के खिलाफ चले जाना एक बड़ा फैक्टर था। उत्तर प्रदेश जैसे राज्य में बीजेपी की 29 सीटें घट जाने के लिए काफी हद तक सेना में लागू की गई 'अग्निवीर योजना' भी जिम्मेदार रही। देश का सबसे बड़ा राज्य है उत्तर प्रदेश। यहाँ लाखों की संख्या में युवा सेना में भरती के लिए तैयारी करते रहते हैं। साल-दर-साल यही होता रहा है, लेकिन 'अग्निवीर योजना' को लागू करना बरसों से तैयारी कर रहे युवाओं में तीव्र प्रतिक्रिया का सबब बना। उन्हें लगा कि जिस सेवा में वे अपना कॅरियर बनाना चाहते हैं, वहाँ तो उन्हें कुछ साल के लिए ही रखा जाएगा, लेकिन फिर क्या करेंगे? सरकार के तमाम आश्वासनों व सुझावों के बाद भी युवाओं के मन से यह बात निकल नहीं सकी और लाखों की संख्या में युवा वोटर, जो पाँच साल पहले मोदी को अपना हीरो बता रहा था, गैर-भाजपा दलों की तरफ चला गया। उत्तर प्रदेश में बरेली, बदायूँ, आगरा, इलाहाबाद, भदोही, राय बरेली, अमेठी जैसे इलाकों में, जहाँ हर साल होने वाली सेना की भरती के लिए लाखों युवा दौड़ लगाते नजर आते थे, वे मैदान अब सूने नजर आने लगे। कोढ़ में खाज का काम किया उत्तर प्रदेश की पुलिस भरती ने। 48 लाख युवाओं ने पुलिस की भरती के लिए आवेदन किया था, लेकिन पेपर लीक के कारण यह परीक्षा रद्द कर

देश का सबसे बड़ा राज्य है उत्तर प्रदेश। यहाँ लाखों की संख्या में युवा सेना में भरती के लिए तैयारी करते रहते हैं। साल-दर-साल यही होता रहा है, लेकिन 'अग्निवीर योजना' को लागू करना बरसों से तैयारी कर रहे युवाओं में तीव्र प्रतिक्रिया का सबब बना।

दी गई। यह सब कुछ चुनाव से ठीक पहले हुआ और इसकी कड़ी प्रतिक्रिया हुई। युवाओं ने इससे नाराज होकर भी बीजेपी प्रत्याशियों के खिलाफ मतदान किया।

यह कहना सही नहीं होगा कि इंडिया ब्लॉक के नेता कुछ ऐसा कर रहे थे कि दलित, मुसलमान, पिछड़े या बेरोजगार युवा उनकी ओर खिंचे चले आ रहे थे, बल्कि देशभर के राज्यों में चल रही बीजेपी की सरकारों से कुछ-न-कुछ ऐसा हो जा रहा था कि इन वर्गों में नाराजगी सी भर गई थी। इंडिया ब्लॉक की झोली में वोट खुद आकर गिरे। इसके लिए किसी रणनीति या विपक्षी एकता को श्रेय नहीं दिया जा सकता। चुनाव से पहले 'इंडिया' और 'भारत' की बहस भी खूब छिड़ी। जिस समय दिल्ली में जी20 शिखर सम्मेलन आयोजित किया गया, उन दिनों एक बहस यह भी छिड़ी थी कि भारत का नाम भारत ही क्यों न प्रयोग किया जाए? अंग्रेजी में इसे भारत क्यों न लिखा जाए? इसे विपक्षी दलों के इंडिया ब्लॉक से जोड़कर भी देखा गया। इंडिया ब्लॉक के सदस्यों ने कहा कि जानबूझकर भारत को अंग्रेजी में भी भारत ही लिखने की बात इसलिए चलाई गई, जिससे इंडिया ब्लॉक का नाम देश के नाम से मेल न खा सके। हालाँकि इस बात में कतई दम नहीं था। नरेंद्र मोदी ने इस विवाद की काट भी क्या खूब निकाली। उन्होंने विपक्षी धड़े को 'घमंडिया गठबंधन' व 'इंडी अलायंस' जैसे शब्दों से पुकारा और यही चलन में भी आ गया।

जिस समय दिल्ली में जी20 शिखर सम्मेलन आयोजित किया गया, उन दिनों एक बहस यह भी छिड़ी थी कि भारत का नाम भारत ही क्यों न प्रयोग किया जाए? अंग्रेजी में इसे भारत क्यों न लिखा जाए? इसे विपक्षी दलों के इंडिया ब्लॉक से जोड़कर भी देखा गया।

कांग्रेस—हार में जीत का आनंद

कांग्रेस 99 सीटें जीतने के बाद विजेता की मुद्रा में नजर आई और पार्टी के अध्यक्ष मल्लिकार्जुन खड़गे की प्रतिक्रिया देखिए। उन्होंने कहा कि यह नरेंद्र मोदी के लिए नैतिक हार है। हालाँकि कांग्रेस का यह आज तक का

तीसरा सबसे खराब प्रदर्शन था। कांग्रेस इतनी सीटें 1984 के बाद से कभी नहीं जीत पाई जितनी भाजपा ने इस बार जीती। यू.पी.ए. एक की सरकार 2004 में बनी थी और इस समय कांग्रेस के पास केवल 145 सीटें थीं। उस समय बीजेपी की सीटें 138 थीं। कांग्रेस को सबसे बड़ी पार्टी होने के कारण सरकार बनाने का निमंत्रण मिला था और फिर समर्थन जुटाने में कहाँ मुश्किल होती है। 21 लोकसभा सीटें मिलने के कारण राष्ट्रीय जनता दल यू.पी.ए. का दूसरा सबसे बड़ा घटक दल थीं। इस तरह लालू प्रसाद यादव कांग्रेस के सबसे बड़े लठैत बने और डी.एम.के., एन.सी.पी. जैसे दलों के सहयोग से सरकार बनी थी। वैसे यू.पी.ए. के पास केवल 218 सांसदों का ही समर्थन था। यहाँ ये भी बता दूँ कि यू.पी.ए. का गठन चुनाव के बाद हुआ था। एन.डी.ए. को उस समय 181 सीटें मिलीं थी और अगर बीजेपी को यू.पी. में कुछ सीटें और मिल गई होतीं तो वह सरकार बना लेती। इसके बाद जब यू.पी.ए. की दूसरी सरकार 2009 में बनी तो यू.पी.ए. की 262 सीटें आई थीं। यानी स्पष्ट बहुमत से तब भी दस सीटें दूर। कांग्रेस की अपनी सीटें जरूर 206 हो गई थीं, लेकिन फिर भी वह बहुमत से बहुत दूर थी। ऐसे में बीजेपी को 2024 में 240 सीटें मिलना, एन.डी.ए. को चुनाव पूर्व गठबंधन के रूप में साफ बहुमत के साथ 293 सीटें मिलना कांग्रेस को नैतिक हार कैसे नजर आ रही है, यह समझ से परे है? देश के इतिहास में यह पहला मौका था, जब किसी चुनाव पूर्व गठबंधन को इस तरह का जनादेश मिला। और सबसे खास बात यह है कि इस गठबंधन में चुनाव के नतीजे आने के बाद किसी भी नई पार्टी को नहीं जोड़ा गया। भारत में गठबंधन की राजनीति के इतिहास में इस प्रकार का चुनाव परिणाम कभी देखने को नहीं मिला।

2019 से कम कहाँ रहे?

बीजेपी और नरेंद्र मोदी के लिए कई प्रकार से ये नतीजे सबक लेने वाले रहे हैं। जो 303 सीटें पाँच साल पहले बीजेपी ने जीती थीं, उनमें से केवल 208 को ही वह अपने पास बरकरार रख पाई। 92 को हार गई। देखिए, ये सीटें कैसे हाथ से निकलीं—

- 29 सीटें ऐसी हारी, जो एस.सी.–एस.टी. के लिए रिजर्व थीं। ऐसा तब हुआ, जब द्रौपदी मुर्मू को राष्ट्रपति बनाने के बाद इसे आदिवासी इलाकों के लिए बहुत फायदे का सौदा माना जा रहा था, लेकिन इसका असर पूरे देश में सारे आदिवासी इलाकों में देखने को नहीं मिला। मुर्मू के राज्य ओडिशा में जरूर बीजेपी की सरकार बन गई। 2019 में बीजेपी को 77 सीटें तो एस.सी.–एस. टी. के लिए रिजर्व सीटों से ही मिली थीं। इस बार इनमें से केवल 48 ही मिलीं।
- पार्टी को सबसे ज्यादा नुकसान उत्तर प्रदेश से हुआ। यहाँ उसने 29 सीटें हारीं। उसकी तालिका 62 से 33 पर आ गई। ये सबसे बड़ा झटका था।
- महाराष्ट्र और राजस्थान में उसे 16 और 10 सीटों का नुकसान हुआ। इसके अलावा कर्नाटक और पश्चिम बंगाल में भी 8–8 सीटों का घाटा हुआ।
- इन 92 सीटों में सबसे ज्यादा फायदा कांग्रेस को मिला, जिसने 42 सीटें जीतीं। इसके अलावा समाजवादी पार्टी ने 25 सीटें जीतीं। ये वे सीटें हैं, जहाँ उसका मुकाबला बीजेपी से था।
- जहाँ बीजेपी ने 92 सीटें गँवाईं, वहीं 32 नई सीटें भी उसने जीतीं। ये सीटें उसने 11 राज्यों व केंद्र शासित क्षेत्रों में जीतीं। इनका ही परिणाम रहा कि बीजेपी की तालिका 240 तक पहुँच पाई।

□

मुसलिम वोटों का मकड़जाल

चुनाव 2024 के नतीजों के परिप्रेक्ष्य में मुसलमानों के वोटों को इस बार बहुत ज्यादा महत्त्वपूर्ण माना गया। चुनाव विश्लेषकों का मानना है कि मोदी प्रचंड बहुमत से न जीत जाएँ, इसे लेकर मुसलमानों में जबरदस्त बेचैनी का माहौल था। इस माहौल को चुनाव से पहले कोई नहीं भाँप पाया। किसी को भी उम्मीद नहीं थी कि ऐसा होगा। कांग्रेस ने इंडिया ब्लॉक के दलों के साथ मिलकर कुछ स्थानों पर मिलकर तालमेल बनाने की कोशिश की तो कुछ जगह उसके हित आड़े आ गए। बंगाल में वाम दलों व कांग्रेस के लिए एक सीट देने के लिए तैयार नहीं हुई ममता बनर्जी। केरल में कांग्रेस भी वामदलों के लिए एक सीट छोड़ने को तैयार नहीं थी। सही मायने में अगर इंडिया ब्लॉक कहीं वजूद में नजर आया तो केवल उत्तर प्रदेश, हरियाणा, दिल्ली और बिहार में। उत्तर प्रदेश में मुसलिम वोट परंपरागत रूप से समाजवादी पार्टी के साथ जाते रहे हैं और बिहार में आर.जे.डी. के साथ। इन दोनों ही पार्टियों से कांग्रेस ने गठबंधन किया। समाजवादी पार्टी के पास सही मायने में 80 लोकसभा सीटों पर लड़ाने के लिए प्रत्याशी भी नहीं थे। अखिलेश यादव समझ रहे थे कि ज्यादा प्रत्याशी लड़ाएँगे तो स्ट्राइक रेट खराब होगा और यादव परिवार के सदस्यों के अलावा कोई प्रत्याशी जीत भी नहीं पाएगा। यू.पी. में मायावती पहले से ही उनका खेल बिगाड़ने के लिए तैयार बैठी थी। इसलिए अखिलेश ने कांग्रेस से बात किए बिना ही 17 सीटें उसके लिए छोड़ दीं। कांग्रेस के पास भी प्रत्याशियों का अकाल था। दानिश अली जैसे एकाध दलबदलू ही कांग्रेस से टिकट माँग रहे थे। कांग्रेस को लगा

कि इतनी सीटें ही मिल गईं, पर्याप्त हैं। क्योंकि इस बार तो एक समय ऐसा भी लग रहा था कि शायद गांधी परिवार से भी कोई सदस्य यू.पी. में चुनाव नहीं लड़ेगा। राहुल गांधी ने अंतिम समय पर नामांकन दाखिल किया रायबरेली से। इस तरह यू.पी. में मुसलिम वोटर के सामने एक विमर्श तैयार हो गया कि बीजेपी को अगर देश के 80 सीटों वाले सबसे बड़े राज्य में रोक दिया गया तो फिर मोदी पी.एम. नहीं बन पाएँगे। यही हुआ और बीजेपी ने यू.पी. में 29 सीटें हारी भी।

चुनाव से पहले ही यह तय कर लेना कि किसे वोट देना है, यह फॉर्मूला अब देश में मुसलिम राजनीति के लिए घातक होता जा रहा है। एक तरह से इस बार के लोकसभा चुनाव ने यह भी साबित कर दिया कि मुसलिम वोटों का वीटो पूरी तरह खत्म हो चुका है। अब मुसलमानों के वोट यह तय नहीं करते कि किस लोकसभा सीट पर कौन जीतेगा ?

पसमांदा का मिथक

प्रधानमंत्री नरेंद्र मोदी ने 2022 में हैदराबाद में हुई भाजपा की राष्ट्रीय कार्यकारिणी की बैठक में पसमांदा मुसलमानों को जोड़ने के लिए पार्टी नेताओं व कार्यकर्ताओं से आह्वान किया था। यह माना जाता है कि भारतीय मुसलमानों में 95% अजलाफ और अरजाल हैं। मतलब, हिंदुओं की बैकवर्ड व दलित बिरादरियों से धर्म परिवर्तन करके इसलाम अपनाने वाले लोग। इन्हीं सबके लिए पर्शिया का शब्द है पसमांदा। पसमांदा का मतलब है, जो पीछे रह गए, मतलब पिछड़े हुए। दूसरी ओर 5% मुसलमान ही वे हैं, जो बाहर से भारत आए और फिर यहीं बस गए। इनके लिए 'अशराफ' शब्द का इस्तेमाल किया जाता है। मोदी का

चुनाव से पहले ही यह तय कर लेना कि किसे वोट देना है, यह फॉर्मूला अब देश में मुसलिम राजनीति के लिए घातक होता जा रहा है। एक तरह से इस बार के लोकसभा चुनाव ने यह भी साबित कर दिया कि मुसलिम वोटों का वीटो पूरी तरह खत्म हो चुका है।

मानना था कि अगर किसी समाज का कोई वर्ग पिछड़ा या गरीब है तो उसके लिए सरकार को बिना किसी भेदभाव के काम करना चाहिए। इसलिए उन्होंने सोचा कि पसमांदा मुसलमान, जो भारी संख्या में देश के हर कोने में हैं, को बीजेपी से जोड़ने का प्रयास किया जाए। और अगर इनका दस प्रतिशत वोट भी बीजेपी को मिल जाए तो चमत्कार हो सकता है। उन्होंने कई बार गुजरात व अन्य राज्यों में पसमांदा मुसलमानों के साथ संपर्क किया और बैठकें भी कीं।

उत्तर प्रदेश में पसमांदा समाज से आने वाले एक व्यक्ति को प्रदेश की सरकार में अल्पसंख्यक मामलों का मंत्री भी बनाया गया। 2023 में हुए एक उपचुनाव (आजम खान के बेटे की खाली की हुई सीट स्वार से) में बीजेपी ने अपने साथी अपना दल के मुसलिम प्रत्याशी को समर्थन दिया और जीत भी हासिल की।

चुनावी राजनीति में भी छोटे-मोटे प्रयोग किए गए। दिल्ली में दिसंबर 2022 में हुए निगम चुनाव में इसका प्रयास भी किया गया और कुछ लोगों को टिकट दिए गए। यू.पी. में पसमांदा प्रत्याशियों को नगर पालिकाओं के चुनाव में टिकट भी दिए गए। उत्तर प्रदेश में पसमांदा समाज से आने वाले एक व्यक्ति को प्रदेश की सरकार में अल्पसंख्यक मामलों का मंत्री भी बनाया गया। 2023 में हुए एक उपचुनाव (आजम खान के बेटे की खाली की हुई सीट स्वार से) में बीजेपी ने अपने साथी अपना दल के मुसलिम प्रत्याशी को समर्थन दिया और जीत भी हासिल की। यहाँ समाजवादी पार्टी ने हिंदू प्रत्याशी उतारा था। पसमांदा मुसलमानों के प्रति मोदी के लगाव के कुछ छोटे-मोटे परिणाम भी सामने आए। एक अमेरिकन सर्वे एजेंसी ने एक सर्वेक्षण में बताया कि 2017 के विधानसभा चुनाव में उत्तर प्रदेश में बीजेपी को 12.6% अशराफ और 8% पसमांदा मुसलमानों ने भी वोट दिया था। 2022 के विधानसभा चुनाव में जब योगी आदित्यनाथ दोबारा यू.पी. के सी.एम. के लिए चुनाव में थे, तो 9.1% पसमांदा मुसलमानों ने बीजेपी को वोट किया था। लेकिन लोकसभा चुनावों में ऐसा कुछ नहीं हुआ और उत्तर प्रदेश में तो मुसलमानों ने बढ़-चढ़कर वोट

बीजेपी के खिलाफ दिया। कांग्रेस के सपा के साथ आ जाने से मुसलमानों को लगा कि इस बार केंद्र में विपक्ष की सरकार बनने जा रही है और इसलिए ज्यादा उत्साह के साथ वोटिंग की। एक अनुमान के मुताबिक मुसलमानों में मतदान का प्रतिशत पूर्व के चुनावों से दस प्रतिशत अधिक था।

मुसलिम लीडरशिप का ह्रास

मुसलमानों के एकतरफा रुख ने सबसे ज्यादा नुकसान मुसलमानों का ही किया है। मुसलमानों का जनप्रतिनिधित्व लगातार कम हो रहा है। इस लोकसभा चुनाव में केवल 24 मुसलमान सांसद जीतकर आए हैं। इससे पहले 2014 में यह संख्या केवल 22 थी, लेकिन 2019 में 26 हो गई थी। मुसलिम वोटों की ठेकेदार बनने वाली कांग्रेस व अन्य पार्टियों ने ही मुसलमानों को कम टिकट इस बार दिए तो जीतते कैसे? कांग्रेस ने अपनी तालिका को तो 52 से 99 पर पहुँचा लिया, और इंडिया ब्लॉक को भी 234 सीटें मिल गईं, लेकिन मुसलमानों के प्रतिनिधियों की संख्या में कोई इजाफा नहीं हुआ बल्कि घट ही गई। ऐसा क्यों? जब आप टिकट ही कम देंगे तो कैसे जीतेंगे?

कांग्रेस ने अपनी तालिका को तो 52 से 99 पर पहुँचा लिया, और इंडिया ब्लॉक को भी 234 सीटें मिल गईं, लेकिन मुसलमानों के प्रतिनिधियों की संख्या में कोई इजाफा नहीं हुआ बल्कि घट ही गई। ऐसा क्यों?

बीजेपी ने केवल एक मुसलिम प्रत्याशी, केरल की मलप्पुरम सीट से, मैदान में उतारा था। लेकिन मुसमलानों के वोटों की सौदागर पार्टियों ने क्या किया? कांग्रेस, टी.एम.सी., सपा, एन.सी.पी., आर.जे.डी. और वाम दलों ने केवल 78 मुसलमानों को टिकट दिए, जबकि पाँच साल पहले यह आँकड़ा 115 था। कांग्रेस ने इस बार 19 टिकट दिए, जबकि 2019 में 36 दिए थे। टी.एम.सी. ने पिछली बार के मुकाबले सात कम, यानी केवल छह को ही टिकट दिए। समाजवादी पार्टी भी ममता बनर्जी की तरह ही मुसलमानों के वोटों के पीछे भागती है, उसने भी पिछली बार से आधे यानी चार टिकट दिए।

2011 की जनगणना के अनुसार देश में मुसमलानों की आबादी 14% है। जबकि 18वीं लोकसभा में मुसलमानों का प्रतिनिधित्व केवल 4.4% ही है। तमिलनाडु, कर्नाटक, आंध्र प्रदेश, ओडिशा व महाराष्ट्र जैसे बड़े राज्यों से एक भी मुसलिम सांसद लोकसभा में नहीं है। ये वे राज्य हैं, जहाँ मुसमलानों की आबादी ठीक-ठाक है। मध्य प्रदेश, गुजरात व राजस्थान तो बीजेपी शासित राज्य हैं और इनमें से भी कोई मुसलमान सांसद नहीं बना है। मुसलमानों के लिए स्थिति बहुत अप्रिय है। बँटवारे के लिए जिम्मेदार मुसलिम लीग (मोहम्मद अली जिन्ना वाली) की तरह ही काम करने वाली असदुद्दीन ओवैसी की पार्टी ए.आई.एम.आई.एम. भी मुसलमानों को कुछ नहीं दे पाई है। पहले उनके पिता हैदराबाद से जीतते थे, अब लगातार असदुद्दीन ओवैसी जीत रहे हैं। यहाँ बता दूँ कि आजादी के बाद जब 1952 में पहली बार चुनाव हुए थे तो केवल 21 सांसद मुसलमान बने थे। जबकि उस समय बँटवारे का घाव सबके दिलों में ताजा था और मतों का ध्रुवीकरण भी हुआ था। जिन्ना की ही पार्टी का अंश कही जाने वाली केरल की मुसलिम लीग के तीन सांसद इस बार जीते हैं। यही नहीं, इस बार महाराष्ट्र की मसजिदों से वोट जिहाद के ऐलान किए गए। इसमें कोई शक नहीं कि मुसलमानों ने एक राय बनाकर बीजेपी को हराने के लिए वोटिंग की, लेकिन यह भी सच है कि बीजेपी के पक्के हिंदू मतदाताओं ने उसे इस मुश्किल इम्तिहान में पास करा दिया।

इसमें कोई शक नहीं कि मुसलमानों ने एक राय बनाकर बीजेपी को हराने के लिए वोटिंग की, लेकिन यह भी सच है कि बीजेपी के पक्के हिंदू मतदाताओं ने उसे इस मुश्किल इम्तिहान में पास करा दिया।

□

उदासीन और खामोश मतदाता!

2024 के लोकसभा चुनाव में, खासतौर से मतदान के समय, एक मुद्दा लगातार चर्चा का केंद्र बना रहा, और वह था धीमा मतदान, मतदाताओं में उत्साह की कमी, वोटिंग प्रतिशत पिछली बार से कम आदि। सात चरणों में 19 अप्रैल से 1 जून तक मतदान चला और लगातार इस बात पर चर्चा होती रही कि आखिर क्या वजह है कि मतदाता इस वोटिंग में जोश क्यों नहीं दिखा रहा? शुरू-शुरू में नैरेटिव यह बना कि बीजेपी का मतदाता घर से नहीं निकल रहा है, क्योंकि उसे लग रहा है कि मोदी जी तीसरी बार पी.एम. तो बन ही रहे हैं, और बीजेपी की तीन सौ सीटें तो आ ही रही हैं, फिर क्या करना है वोट देकर? या इतनी गरमी में क्यों लाइन में लगा जाए? विरोधी दल कह रहे थे कि जनता नाराज है, लेकिन चुनावी राजनीति का सिद्धांत तो यह कहता है कि जब-जब मतदाता सरकार से नाराज होता है और बदलाव की तरफ जाता है तो भारी मतदान होता है। कहते हैं कि एंटी इन्कमबेंसी, यानी सत्ता विरोधी लहर। और इसमें मतदाता जोश के साथ वोटिंग करता है। वह सरकार को हटाना चाहता है, इसलिए वोटिंग जरूर करता है, लेकिन इस बार तो उलटा हो रहा था? यानी सत्ता विरोधी लहर के कारण मतदाता घर से निकलकर बूथ तक नहीं जा रहा है? आपको विश्वास नहीं होगा, लेकिन जब चार जून को नतीजे आए तो कुछ और ही समीकरण सामने आए। इसके लिए चरणवार विश्लेषण करना होगा—

- पहला चरण, 19 अप्रैल

इसे सबसे बड़ा चरण कहा जाएगा। इसमें 102 लोकसभा सीटों पर

मतदान हुआ। पाँच साल पहले पहले चरण में 69.1% मतदान हुआ था, लेकिन इस बार 66.1% हुआ। सीधा तीन प्रतिशत का अंतर। हालाँकि दूसरे चरण के मतदान के समय तक चुनाव आयोग की सही फीगर नहीं आई थी और अंतर सात प्रतिशत के आसपास आ रहा था, लेकिन फिर जब फाइनल आँकड़ा जारी हुआ तो अंतर केवल तीन प्रतिशत ही रहा। इस चरण में 39 सीटों वाले तमिलनाडु में भी चुनाव हुआ। उत्तर प्रदेश, बंगाल व बिहार में तो सातों चरणों में ही मतदान हुआ, लेकिन तमिलनाडु जैसे बड़े राज्य में एक ही झटके में मतदान करा दिया गया। तमिलनाडु को लेकर प्रधानमंत्री नरेंद्र मोदी ने बहुत जोर लगाया था। नए संसद भवन में सिंगोल की स्थापना से लेकर राम मंदिर के आयोजन में तमिल पुजारियों को पूरा महत्त्व दिए जाने तक, मोदी ने दक्षिण के इस राज्य में बीजेपी का खाता खोलने का पूरा-पूरा प्रयास किया, लेकिन ऐसा हो नहीं सका। इस चरण में बीजेपी को 30, कांग्रेस को 27, डी.एम.के. को 22, समाजवादी पार्टी को 4, सी.पी.आई. को 2 व अन्य को 17 सीटें मिलीं। इसी चरण में नॉर्थ-ईस्ट की मणिपुर, अरुणाचल प्रदेश, मेघालय, मिजोरम समेत कई लोकसभा सीटों पर मतदान हुआ। इसलिए अन्य या निर्दलीय व छोटे दलों की संख्या काफी ज्यादा नजर आ रही है। जैसे-जैसे मतदान अगले चरणों में गया, वैसे-वैसे बीजेपी का आँकड़ा भी बढ़ता गया और बीच के चरणों में बीजेपी को काफी फायदा हुआ।

> ***नए संसद भवन में सिंगोल की स्थापना से लेकर राम मंदिर के आयोजन में तमिल पुजारियों को पूरा महत्त्व दिए जाने तक, मोदी ने दक्षिण के इस राज्य में बीजेपी का खाता खोलने का पूरा-पूरा प्रयास किया, लेकिन ऐसा हो नहीं सका।***

• दूसरा चरण, 26 अप्रैल

पहले फेज में कम मतदान के शोर के बीच ही दूसरे चक्र में 87 लोकसभा सीटों का मतदान हो गया। इसी चरण में राहुल गांधी की वायनाड सीट पर भी मतदान हुआ और कांग्रेस ने यह बात पूरी तरह से गोपनीय बनाए रखी कि रायबरेली व अमेठी से कौन चुनाव लड़ेगा? दूसरे चरण में

भी मतदान प्रतिशत 2019 के मुकाबले कम हुआ। 2019 में 69.2% मतदान हुआ था और इस बार 66.7%। नतीजों में बीजेपी ने इस चक्र में शानदार प्रदर्शन किया और अगले दो चरणों पर भी इसका असर हुआ। बीजेपी ने 46 लोकसभा सीटें जीतीं। इस चरण में कर्नाटक, राजस्थान, मध्य प्रदेश, उत्तर प्रदेश में बीजेपी को बड़ी सफलता मिलीं। कांग्रेस को केवल 17 सीटें मिली। शिवसेना (यू.बी.टी.) को तीन, इंडियन यूनियन मुसलिम लीग व जे.डी.एस. को दो-दो सीटें मिलीं। निर्दलीय और छोटे दल एक बार फिर 17 सीटें जीतने में सफल रहे। इस चरण के मतदान के समय यह भी कहा गया कि यह वेवलेस (लहरविहीन) चुनाव है। इसी चरण के मतदान से पहले प्रधानमंत्री नरेंद्र मोदी ने मंगलसूत्र का मुद्दा भी उठाया था। कांग्रेस के मेनिफेस्टो में सर्वे कराकर अधिक संपत्ति को जरूरतमंदों में बाँटने की बात कही गई थी, उसी पर पी.एम. मोदी ने यह कटाक्ष किया था।

निर्दलीय और छोटे दल एक बार फिर 17 सीटें जीतने में सफल रहे। इस चरण के मतदान के समय यह भी कहा गया कि यह वेवलेस (लहरविहीन) चुनाव है। इसी चरण के मतदान से पहले प्रधानमंत्री नरेंद्र मोदी ने मंगलसूत्र का मुद्दा भी उठाया था।

- तीसरा चरण, 7 मई

पहले राउंड के बाद इसे तीसरा सबसे बड़ा चक्र कह सकते हैं। इसमें 94 लोकसभा सीटों के लिए मतदान हुआ, जिसमें से बीजेपी ने सबसे ज्यादा 57 जीतीं। बीजेपी के लिए सबसे फायदेमंद चक्र इसे कहा जा सकता है। अगले चरणों में उसकी सीटें घटती चली गईं, लेकिन पहले तीन चरणों में उसकी सीटें लगातार बढ़ीं। इस चरण में 65.7% मतदान हुआ, जो 2019 में हुए मतदान के बिल्कुल समानांतर था। कांग्रेस को 15 सीटें मिलीं तो यू.पी. में उसकी पार्टनर समाजवादी पार्टी को छह सीटें मिलीं। जे.डी.यू. को तीन व टी.एम.सी. को दो सीटें मिलीं। अन्य के खाते में 11 सीटें गईं। इस चरण में भाजपा को सबसे ज्यादा लाभ की वजह रही गुजरात की 26 सीटें। सभी पर एक साथ मतदान हुआ और बीजेपी ने इनमें से 25 जीतीं। हालाँकि गुजरात की सूरत लोकसभा भाजपा को चुनाव

शुरू होने से पहले ही मिल चुकी थी। कांग्रेस प्रत्याशी ने अपना पर्चा अंतिम समय में वापस ले लिया और बीजेपी प्रत्याशी निर्विरोध निर्वाचित घोषित कर दिया गया। कर्नाटक की 14, महाराष्ट्र की 11, यू.पी. की 10, छत्तीसगढ़ की 7, मध्य प्रदेश की 9 सीटों पर भी इसी राउंड में मतदान हुआ और ज्यादातर सीटें बीजेपी के हक में गईं।

• चौथा चरण, 13 मई

पहले राउंड के बाद यह सबसे बड़ा चक्र था। इसमें 96 सीटों पर मतदान हुआ। जिसमें से बीजेपी को 39, कांग्रेस को 14 व टी.डी.पी. को 16 सीटें मिलीं। चार सीटें वाई.एस.आर.सी.पी. व 16 अन्य को मिलीं। इसी राउंड से पहले दिल्ली के मुख्यमंत्री अरविंद केजरीवाल को प्रचार करने के लिए 21 दिन की अंतरिम जमानत भी दी गई थी। इसी राउंड के प्रचार में अंबानी और अडानी को लेकर राहुल गांधी द्वारा किए जा रहे दुष्प्रचार के खिलाफ नरेंद्र मोदी ने उन पर हमला बोला था कि आपको टेंपो में भरकर काला धन मिला या नहीं? इस पर राहुल का जवाब आया—बीजेपी सरकार चाहे तो ई.डी. और सीबीआई से जाँच करा सकती है। इस राउंड में तेलंगाना की 17, यू.पी. की 13, मध्य प्रदेश की 8 सीटों पर मतदान हुआ और इनमें से अधिकांश पर बीजेपी को फायदा हुआ। चौथे चरण में मतदान प्रतिशत ने छलाँग लगाई और 69.2% तक जा पहुँचा जो 2019 के मुकाबले (68.8%) थोड़ा अधिक था। तो मतदाता की उदासीनता पर चर्चा थोड़ी कम हुई।

प्रचार में अंबानी और अडानी को लेकर राहुल गांधी द्वारा किए जा रहे दुष्प्रचार के खिलाफ नरेंद्र मोदी ने उन पर हमला बोला था कि आपको टेंपो में भरकर काला धन मिला या नहीं? इस पर राहुल का जवाब आया—बीजेपी सरकार चाहे तो ई.डी. और सीबीआई से जाँच करा सकती है।

• पाँचवाँ चरण, 20 मई

अब तक हुए पाँच चक्रों में से यह राउंड बीजेपी के लिए सबसे खराब

रहा। उसे केवल 19 ही सीटें मिलीं, लेकिन इस राउंड में केवल 49 लोकसभा सीटों पर ही मतदान था। इस लिहाज से यह प्रदर्शन इतना खराब भी नहीं आँका जा सकता। कांग्रेस को भी केवल पाँच सीटें ही मिलीं। सपा को सात, टी.एम.सी. को छह, शिव सेना (यू.बी.टी.) को चार व अन्य को आठ सीटें मिलीं। इसमें महाराष्ट्र व पश्चिम बंगाल में बीजेपी को झटका लगा। इस चरण के प्रचार में मंदिर का मुद्दा छाया रहा। मोदी ने कहा था कि अगर कांग्रेस व सपा की सरकार आ गई तो वे फिर से रामलला को जेल में भेज देंगे। इसके अलावा ओडिशा में पुरी स्थित जगन्नाथ मंदिर के रत्न भंडार का मुद्दा भी बीजेपी ने जोर-शोर से उठाया। इसकी एक प्रमुख वजह यह भी थी कि लोकसभा चुनाव के साथ-साथ ओडिशा के विस चुनाव भी चल रहे थे। इससे पहले 13 मई को भी ओडिशा की कुछ विस सीटों पर मतदान हुआ था और पाँचवें, छठे व सातवें चरण में भी ओडिशा में मतदान होना था। जगन्नाथ मंदिर का मुद्दा बीजेपी के लिए बहुत ही फायदेमंद भी साबित हुआ। हालाँकि लोकसभा चुनाव में कम मतदान प्रतिशत को लेकर चल रहे नैरेटिव के लिए यह राउंड धक्के के समान था। इस चक्र तक आते-आते मतदान प्रतिशत 2019 के आँकड़े से आगे निकल गया। चौथे चक्र की तरह यहाँ भी ज्यादा मतदान हुआ। इस राउंड में 62.2% मतदान हुआ, जबकि पाँच साल पहले 61.8% वोट पड़े थे।

मोदी ने कहा था कि अगर कांग्रेस व सपा की सरकार आ गई तो वे फिर से रामलला को जेल में भेज देंगे। इसके अलावा ओडिशा में पुरी स्थित जगन्नाथ मंदिर के रत्न भंडार का मुद्दा भी बीजेपी ने जोर-शोर से उठाया। इसकी एक प्रमुख वजह यह भी थी कि लोकसभा चुनाव के साथ-साथ ओडिशा के विस चुनाव भी चल रहे थे।

• छठा चरण, 25 मई

इस राउंड में 58 सीटें दाँव पर थीं और बीजेपी को 31 मिलीं। इस चक्र में मुकाबला मुख्य रूप से यू.पी. में था और समाजवादी पार्टी ने यहाँ 10 सीटें जीतने में सफलता हासिल की। इस राउंड में कांग्रेस को छह, टी.एम.

सी. को चार, जे.डी.यू. को चार व अन्य को केवल तीन सीटें मिलीं। इस राउंड में मतदान के प्रतिशत में मामूली गिरावट आई। 2019 में 64% मतदान हुआ था तो इस बार 63.4% हुआ। कुछ लोगों का मानना है कि यू.पी. में बीजेपी को वोटर की उदासीनता भारी पड़ी जबकि मुसलमानों ने समाजवादी पार्टी व कांग्रेस के गठबंधन के पक्ष में बढ़–चढ़कर वोटिंग की और इसलिए उन्हें बड़ी सफलता मिली। निश्चित रूप से इसी राउंड में बीजेपी को सबसे बड़ा झटका लगा। इस चरण में यू.पी. में जो दस सीटें समाजवादी पार्टी ने जीतीं, उनमें से ज्यादातर को पाँच साल पहले बीजेपी ने जीता था। कायदे से इस राउंड में बीजेपी को 40 सीटें जीतनी चाहिए थीं, लेकिन ऐसा नहीं हुआ। देश की राजधानी दिल्ली में भी इसी राउंड में मतदान था। अंतरिम जमानत पर बाहर आए दिल्ली के मुख्यमंत्री अरविंद केजरीवाल के साथ एक बड़ा खेल इसी राउंड से पहले हो गया जब उनकी राज्यसभा सांसद स्वाति मालीवाल के साथ सी.एम. हाउस में मारपीट की गई। आरोप भी लगा केजरीवाल के सबसे करीबी व्यक्ति बिभव कुमार पर। इसी राउंड से पहले बीजेपी प्रवक्ता (अब सांसद भी) संबित पात्रा की जुबान फिसल गई थी और वे बोल गए थे कि भगवान् जगन्नाथ भी मोदी के भक्त हैं।

> *अंतरिम जमानत पर बाहर आए दिल्ली के मुख्यमंत्री अरविंद केजरीवाल के साथ एक बड़ा खेल इसी राउंड से पहले हो गया जब उनकी राज्यसभा सांसद स्वाति मालीवाल के साथ सी.एम. हाउस में मारपीट की गई। आरोप भी लगा केजरीवाल के सबसे करीबी व्यक्ति बिभव कुमार पर।*

• सातवाँ चरण, 1 जून

अंतिम चरण से पहले वोट जिहाद का खूब शोर मचा। मोदी ने कहा कि सीमा पार से आने वाले जिहादी कांग्रेस व समाजवादी पार्टी का समर्थन कर रहे हैं। उन्हें (राजनीतिक दलों को) वोट के लिए मुजरा करने दो। छठे चरण की भाँति सातवें चरण में भी वोटिंग प्रतिशत कमजोर रहा। 2019 (65%) के मुकाबले इस बार 63.9% मतदान हुआ। 57 सीटों के लिए मतदान हुआ और

बीजेपी को केवल 17 ही मिलीं। इस राउंड में बीजेपी को कम-से-कम 30 सीटें मिलनी चाहिए थीं। टी.एम.सी. व कांग्रेस को 9-9, समाजवादी पार्टी को छह, आम आदमी पार्टी को तीन व अन्य को 13 सीटें मिलीं। आम आदमी पार्टी को ये सभी सीटें पंजाब से मिलीं। बीजेपी को बंगाल, यू.पी. में भारी घाटा इस चरण के मतदान में हुआ।

□

राम मंदिर का चुनावी संदर्भ

जनवरी 2024 में जब राम मंदिर में रामलला की मूर्ति की प्राण-प्रतिष्ठा की तारीख तय की गई तो पहली प्रतिक्रिया यही थी कि लोकसभा चुनाव से ठीक पहले इस कार्यक्रम का आयोजन किया जा रहा है तो इसका असर मतदाताओं के उत्साह पर भी देखने को मिलेगा। लेकिन चुनाव के नतीजे इस धारणा की पुष्टि नहीं करते। पर मेरा मानना है कि 240 सीटों तक भी बीजेपी अगर पहुँची है तो इसमें राम मंदिर के योगदान को कतई नकारा भी नहीं जा सकता। लोकसभा चुनाव से कुछ महीने पहले मैं जयपुर एयरपोर्ट पर फ्लाइट की प्रतीक्षा कर रहा था तो अचानक एक सज्जन, जो मेरी ही फ्लाइट के लिए पत्नी समेत प्रतीक्षारत थे, मेरे पास आए और बोले कि मैं आपका प्रशंसक हूँ और आपके वीडियो नियमित तौर पर देखता हूँ, तीनों चैनल सब्सक्राइब कर रखे हैं। उनका मानना था कि राष्ट्र और हिंदू धर्म के उत्थान के लिए मेरे जैसे मीडियाकर्मियों का योगदान बहुत ही मायने रखता है। उनकी पत्नी भी बोली—सुबह से शाम तक आपके ही वीडियो देखते रहते हैं। जब मैंने उनसे परिवार के बारे में और अधिक थाह लेने की कोशिश की तो पता चला कि जयपुर में उनकी बेटी और दामाद रहते हैं और वे यू.पी. में वापस अपने घर जा रहे हैं। मूल रूप से अयोध्या के ही रहने वाले हैं। जयपुर से दिल्ली जाएँगे और वाया फ्लाइट के जरिए लखनऊ जाएँगे। वहाँ से टैक्सी के द्वारा अयोध्या। नाम था के.के. सिंह। उत्तर प्रदेश पुरातत्त्व विभाग के रिटायर्ड अधिकारी रहे। अयोध्या में अपने पैतृक घर में रहते हैं और राम मंदिर की ओर जाने वाले 'राम पथ' के पास ही उनका घर पड़ता है। फ्लाइट दो घंटे लेट

थी तो बात लंबी चली। मैंने भी जिज्ञासावश उनसे अयोध्या, राम मंदिर और वहाँ चल रहे विकास कार्यों के बारे में कई सवाल किए। उन्होंने बताया कि राम मंदिर से न केवल अयोध्या, बल्कि आसपास के जिलों का भी भला हो गया है। चारों तरह काम चल रहा है। सड़कें, हाईवे, एयरपोर्ट, होटल बन रहे हैं और रोजाना अयोध्या में रहने वाले लोगों के घरों पर कोई-न-कोई बिल्डर खड़ा रहता है। वो क्यों? सिंह साहब ने बताया कि सब यहाँ पर होटल, गेस्ट हाउस या रेस्टोरेंट बनाना चाहते हैं। प्रॉपर्टी का धंधा तेजी से फल-फूल रहा है। ये तो तरक्की की बात है? उन्होंने कहा—बिल्कुल और पूरे मंडल को इसका लाभ मिल रहा है।

चार जून को चुनाव के नतीजे आए तो अयोध्या (फैजाबाद लोकसभा सीट) का नतीजा चौंकाने वाला था। बीजेपी के दो बार के सांसद लल्लू सिंह चुनाव हार गए। उन्हें 4,99,722 वोट मिले और समाजवादी पार्टी के प्रत्याशी अवधेश प्रसाद को 5,54,289 वोट। बसपा के सच्चिदानंद पांडेय को 46,607 ही वोट मिल पाए। लेफ्ट लिबरल मीडिया को तो जैसे मौका मिल गया। सारी कहानी केवल इसी पर घुमा दी गई कि लीजिए, राम मंदिर का तो कोई असर नहीं हुआ और बीजेपी अयोध्या भी हार गई। मैंने भी के.के. सिंह साहब को फोन घुमाया। सिंह साहब बड़े उदास थे। छूटते ही बोले—बताइए, यहाँ के लोगों का क्या किया जाए। मोदी-योगी ने इतना सब काम कराया। राम मंदिर बनवाया और जनता ने बीजेपी को हरा दिया। सिंह साहब ने कुछ अलग ही कहानी बताई। उनका कहना था कि यहाँ राशन की दुकानों पर महीनों से प्रचार किया जा रहा था कि अगर बीजेपी हार गई और कांग्रेस की सरकार बन गई तो सबको दस किलो राशन, सरकारी नौकरी और पचास हजार रुपए खाते में मिलेंगे। सिंह

सारी कहानी केवल इसी पर घुमा दी गई कि लीजिए, राम मंदिर का तो कोई असर नहीं हुआ और बीजेपी अयोध्या भी हार गई। मैंने भी के.के. सिंह साहब को फोन घुमाया। सिंह साहब बड़े उदास थे। छूटते ही बोले—बताइए, यहाँ के लोगों का क्या किया जाए।

साहब का मानना था कि इस प्रकार के विमर्श जनता के बीच चलाए गए और इसका परिणाम यह हुआ कि समाजवादी पार्टी के समर्थन में दलित समाज ने खुलकर वोट किया। हालाँकि उनका यह भी तर्क था कि अयोध्या में चल रहे निर्माण कार्यों, मुआवजे आदि को लेकर जनता के बीच नाराजगी भी थी, लेकिन फिर भी बड़ा मुद्दा संविधान और आरक्षण को लेकर किया जा रहा झूठा प्रचार ही था।

फैजाबाद लोकसभा सीट के नतीजे को समाजवादी पार्टी ने एक बड़े मेडल की तरह देखा। संसद के पहले सत्र में शपथ ग्रहण के समय अखिलेश यादव ने अवधेश प्रसाद को अपने बगल में बैठाया और उनके नाम की चर्चा डिप्टी स्पीकर के पद के लिए भी चलाई गई।

फैजाबाद लोकसभा सीट के नतीजे को समाजवादी पार्टी ने एक बड़े मेडल की तरह देखा। संसद के पहले सत्र में शपथ ग्रहण के समय अखिलेश यादव ने अवधेश प्रसाद को अपने बगल में बैठाया और उनके नाम की चर्चा डिप्टी स्पीकर के पद के लिए भी चलाई गई। इसी नतीजे से उत्साहित होकर राहुल गांधी ने यह बयान भी दिया कि हमने आडवाणी के नेतृत्व में शुरू हुए राम मंदिर आंदोलन को हरा दिया है। जब भी 2024 के लोकसभा चुनावों की चर्चा होगी तो फैजाबाद लोकसभा सीट के नतीजे की चर्चा सबसे पहले होगी। भाजपा के लिए यह बहुत बड़े झटके की तरह था। इस नतीजे से ही यह नैरेटिव खड़ा करने की कोशिश की गई कि बीजेपी के लिए राम मंदिर का मुद्दा काम नहीं आया। मेरा मानना है कि अगर बीजेपी ने यहाँ से लल्लू सिंह का टिकट काटकर अरुण गोविल, 'रामायण' धारावाहिक में राम का रोल निभाने वाले अभिनेता, को ही टिकट यहाँ से दिया होता तो वे जरूर जीत गए होते। फैजाबाद लोकसभा सीट पर बीजेपी की हार उसकी रणनीतिक चूक थी। इस पर आपको विस्तार से चर्चा मेरे उत्तर प्रदेश के विश्लेषण में भी पढ़ने को मिलेगी।

□

वामपंथ का अंत

2024 के लोकसभा चुनाव ने भारतीय राजनीति में यह तो पूरी तरह से स्थापित कर दिया कि अब देश में वामपंथ का दीपक बुझने से पहले भभक भर रहा है। अर्बन नक्सल और चरमपंथी विचारों की समर्थक रही लेखिका अरुंधति राय ने कुछ साल पहले एक भाषण में कहा था कि शुक्र है, केरल में बीजेपी की एक भी सीट नहीं है, अगर होती तो ये यहाँ भी आग लगा देते। इस बार केरल में बीजेपी ने खाता खोल भी दिया। थ्रिसुर लोकसभा सीट से फिल्म अभिनेता सुरेश गोपी ने सी.पी.आई. के उम्मीदवार एडवोकेट वी.एस. सुनील कुमार को 74 हजार से अधिक मतों से हरा दिया। कांग्रेस प्रत्याशी के. मुरलीधरन तीसरे स्थान पर खिसक गए। इस चुनाव के नतीजे ने एक संदेश तो दे दिया कि अब पश्चिम बंगाल के बाद वामपंथी पार्टियाँ केरल में भी खत्म होने जा रही हैं। केरल में लगातार दूसरे लोकसभा चुनाव में वामपंथी पार्टियाँ केवल एक ही लोकसभा सीट जीत सकीं। अलाथुर लोकसभा सीट पर इसका प्रत्याशी केवल बीस हजार वोट से जीत सका। बीजेपी इस राज्य में कभी मुख्य लड़ाई का हिस्सा नहीं रही। यहाँ हमेशा लेफ्ट दलों के नेतृत्व वाले एल.डी.एफ. या फिर कांग्रेस के नेतृत्व वाले यू.डी.एफ. के बीच ही सत्ता में बदलाव होता रहा। लेकिन 2016 व 2021 के विधानसभा चुनावों में पहली बार ऐसा हुआ कि लगातार दो बार एक ही धड़े के हाथ सत्ता आई। वामदलों को विधानसभा में मिले समर्थन के बाद भी 2019, 2024 के लोकसभा चुनावों में केवल एक लोकसभा सीट ही जीत पाए लेफ्ट दलों के लिए एक बड़ा संदेश मतदाताओं ने दिया कि राष्ट्रीय राजनीति में वामदलों की भूमिका वे नहीं देखते।

एक तरह से इन चुनावों ने वाम दलों को देश की राजनीति में अप्रासंगिक बना दिया। हालाँकि वाम दलों के अंत की शुरुआत सही मायने में 2011 के पश्चिम बंगाल के विस चुनावों से ममता बनर्जी की टी.एम.सी. ने कर दी थी। 2021 के विधानसभा चुनाव में तो बंगाल में टी.एम.सी. बनाम भाजपा मुकाबला हुआ और वामपंथी दल पूरी तरह से नक्शे से गायब हो गए। केरल में बंगाल से स्थिति थोड़ी अलग रही। वामदलों ने बंगाल में कांग्रेस के साथ मिलकर ममता की खिलाफत की तो केरल में दोनों आमने-सामने की टक्कर में रहे। कांग्रेस ने 2019 में केरल की बीस में से 19 लोकसभा सीटें जीती थीं, लेकिन इस बार कांग्रेस केवल 14 सीटें ही जीत पाई। इनमें वायनाड की लोकसभा सीट भी शामिल थी, जहाँ से राहुल गांधी लगातार दूसरी बार सांसद बने। हालाँकि राहुल ने इस बार वायनाड से इस्तीफा दे दिया, क्योंकि वे यू.पी. की रायबरेली सीट से भी सांसद बन गए थे। कांग्रेस लगातार केरल में मुख्य विपक्षी ताकत बनी रही है। इस बार कहा भी जा रहा है कि 2026 के विधानसभा चुनाव में केरल में यू.डी.एफ. की सत्ता में वापसी तय है। वामदलों की सरकार के खिलाफ केरल में जबरदस्त एंटी इन्कमबेंसी देखने को मिल रही है। लोकसभा चुनावों में वामदलों के प्रति मतदाताओं की उदासीनता साफ संकेत दे रही है कि वामदलों का यह अंतिम चिराग भी बुझने जा रहा है।

राहुल ने इस बार वायनाड से इस्तीफा दे दिया, क्योंकि वे यू.पी. की रायबरेली सीट से भी सांसद बन गए थे। कांग्रेस लगातार केरल में मुख्य विपक्षी ताकत बनी रही है। इस बार कहा भी जा रहा है कि 2026 के विधानसभा चुनाव में केरल में यू.डी.एफ. की सत्ता में वापसी तय है।

पूर्वोत्तर के राज्यों में बीजेपी ने पहले ही कई राज्यों में वामदलों को सत्ता से बाहर किया है। त्रिपुरा जैसे राज्य में दशकों तक सरकार चलाने वाले वाम दलों को बीजेपी ने 2018 में एक ही झटके में साफ कर दिया था और लगातार दो बार वहाँ सरकार बनाई है, वो भी बिना किसी के समर्थन के अपने दम पर।

वैसे वामपंथियों का जो हाल भारतीय राजनीति में हो रहा है, उसकी सबसे बड़ी मिसाल केरल ही है। यहाँ मुसलिम और ईसाई आबादी ठीक-ठाक होने के बाद भी उनका राष्ट्रीय राजनीति से बाहर हो जाना बहुत ही चौंकाने वाला है। यहाँ वामदलों ने अपने कैंपेन को बिल्कुल ही अलग दिशा में चलाया। इजराइल व फिलिस्तीन की लड़ाई को केरल के चुनाव प्रचार में आप लेकर आएँगे तो कौन आपको वोट देगा और कैसे आप मतदाताओं की समस्याओं को समझ सकेंगे? केरल की छह लोकसभा सीटें ऐसी हैं, जहाँ पर बीस प्रतिशत से अधिक ईसाई आबादी है। इडुक्की में 41% और पथनमठीटा में ईसाई आबादी 39.6 % है। दोनों ही सीटों पर वाम दलों की करारी हार हुई। केरल के मुसलमानों ने भी कांग्रेस के नेतृत्व वाले यू.डी.एफ. को वोट दिया। मालाबार के मुसलिम इलाकों में रिकॉर्ड मतों से वामपंथी हारे। कोझिकोड, कन्नौर, वडाकरा में तो सफाया ही हो गया। सी.पी.आई.एम. को 25.82%, सी.पी.आई. को 6.14%, कांग्रेस को 35.06% और भाजपा को 16.68% मतों का मिलना बताता है कि हालात किस तरह से बदल रहे हैं।

कभी ईसाई मिशनरियों द्वारा कराए जा रहे धर्मांतरण के मुद्दे पर उग्र रहने वाली भाजपा ने यहाँ ईसाइयों से संपर्क करने की कोशिशें लगातार जारी रखीं। प्रधानमंत्री मोदी ने यहाँ चर्चों के पादरियों के साथ एक बड़ी मीटिंग भी की थी।

कभी ईसाई मिशनरियों द्वारा कराए जा रहे धर्मांतरण के मुद्दे पर उग्र रहने वाली भाजपा ने यहाँ ईसाइयों से संपर्क करने की कोशिशें लगातार जारी रखीं। प्रधानमंत्री मोदी ने यहाँ चर्चों के पादरियों के साथ एक बड़ी मीटिंग भी की थी। थ्रिसुर सीट से जीतने वाले सुरेश गोपी ने तो यहाँ के एक प्रसिद्ध चर्च को सोने का क्राउन भी उपहार में दिया था और इसका लाभ उनको चुनाव में मिला।

रस्सी जल गई, पर बल नहीं गए

पश्चिम बंगाल की बात करें तो वामपंथी पार्टियों के प्रत्याशी 29 लोकसभा सीटों पर चुनाव लड़े और 27 पर उनकी जमानत जब्त हुई। केवल बंगाल में मो. सलीम और सुजान चक्रवर्ती ही जमानत बचा सके। साफ है, यहाँ टी.एम.सी. का मुकाबला बीजेपी से था और इस लड़ाई में कांग्रेस और वामदल साफ हो गए। इस करारी हार के बाद भी सी.पी.एम. के महासचिव सीतराम येचुरी की प्रतिक्रिया यह थी कि मोदी की तीसरी सरकार पिछली सरकारों से कमजोर होगी और हम विपक्ष में रहकर उनका संसद से सड़क तक विरोध करेंगे।

□

मीडिया कवरेज : चुनाव 2024

देश में कोई भी चुनाव हो, मीडिया की भूमिका और कवरेज पर लगातार सबकी नजर बनी ही रहती है। 90 के दशक से अखबारों में विज्ञापन देने का सिलसिला शुरू हुआ था, लेकिन 2010 तक आते-आते चुनाव आयोग की प्रत्याशियों के खर्चे पर पाबंदियों और इसके सख्ती से अनुपालन की वजह से यह प्रचलन खत्म होने लगा। पहले चुनाव प्रचार के दौरान विधानसभा सीट के लिए मैदान में उतरे प्रत्याशी अखबारों को विज्ञापन देने में लाखों रुपए खर्च कर दिया करते थे। बाद में सीधे राजनीतिक दल ही मीडिया हाउसों से डील फाइनल करने लगे। इलेक्ट्रॉनिक चैनलों ने इसे बहुत बड़े लेवल तक पहुँचा दिया। करोड़ों में डील होने लगी। टी.वी. चैनलों के स्वर्णिम दौर में राजनीतिक पार्टियाँ अपने स्लॉट यानी कवरेज के लिए निर्धारित समय खरीद लिया करती थीं, लेकिन ये चलन इस चुनाव में पूरी तरह से जीरो रहा।

इस चुनाव में पहली बार पार्टियों द्वारा मीडिया का बहिष्कार भी देखने को मिला।

पत्रकारों पर प्रतिबंध

विपक्ष के इंडिया ब्लॉक ने चुनाव से कुछ महीने पहले एक ऐसा कदम उठाया, जिसकी जितनी आलोचना की जाए, कम है। भारतीय पत्रकारिता के इतिहास में पहला मौका था, जब देश में इतना बड़ा चुनाव हो रहा था और पत्रकारों को बैन करती हुई एक ब्लैक लिस्ट जारी की गई। चुनाव से बहुत पहले सितंबर 2023 में जारी की गई इस सूची में अदिति त्यागी,

अमन चोपड़ा, अमीश देवगन, आनंद नरसिम्हन, अर्णब गोस्वामी, अशोक श्रीवास्तव, चित्रा त्रिपाठी, गौरव सावंत, नविका कुमार, प्राची पाराशर, रुबिका लियाकत, शिव अरूर, सुधीर चौधरी और सुशांत सिन्हा के नाम थे। ये सब पत्रकार न्यूज चैनलों से जुड़े हैं। कुछेक को छोड़ दें तो ज्यादातर चर्चित चेहरे हैं। इंडिया ब्लॉक की ओर से कांग्रेस प्रवक्ता पवन खेड़ा ने बाकायदा प्रेस कॉन्फ्रेंस करके कहा कि इन सबकी पत्रकारिता पक्षपातपूर्ण है और इंडिया ब्लॉक में शामिल राजनीतिक पार्टियों के नेता व प्रवक्ता इनके कार्यक्रमों में नहीं जाएँगे। ये एक बचकानी हरकत थी। इंडिया ब्लॉक पूरे चुनावों में न तो सीटों के तालमेल पर कोई सहमति बना सका और न ही कोई संयुक्त घोषणा-पत्र जारी कर सका। मीडिया को बैन करने के इस फैसले पर भी किसी ने कोई सवाल नहीं उठाया। किसी भी दल ने कोई बयान जारी नहीं किया और न ही इस प्रकार के फैसले की निंदा की गई। पत्रकारों के कई संगठन हैं, लेकिन सब जानते हैं कि उनका वास्तव में कोई वजूद नहीं है और एकाध प्रेस नोट जारी करने के अलावा ये कुछ नहीं कर पाते हैं। बहरहाल इस बैन को लेकर कुछ दिन चर्चा हुई और चुनाव आते-आते सब भूल भी गए। सभी चैनलों पर विपक्ष के नेता व प्रवक्ता आते-जाते रहे। इस बैन को मैं निजी रूप से एक कायरतापूर्ण कृत्य मानता हूँ। अगर आप किसी पत्रकार को बैन कर रहे हैं तो फिर उस चैनल को बैन करें। अगर चित्रा त्रिपाठी के कार्यक्रम से आपको दिक्कत है तो फिर 'आज तक' को ही बैन किया जाना चाहिए था। चित्रा, गौरव सावंत, शिव अरूर और सुधीर चौधरी, चारों ही 'इंडिया टुडे' व 'आज तक' से जुड़े हुए हैं। 'आज तक' को ही क्यों बैन नहीं किया गया?

पत्रकारों के कई संगठन हैं, लेकिन सब जानते हैं कि उनका वास्तव में कोई वजूद नहीं है और एकाध प्रेस नोट जारी करने के अलावा ये कुछ नहीं कर पाते हैं। बहरहाल इस बैन को लेकर कुछ दिन चर्चा हुई और चुनाव आते-आते सब भूल भी गए। सभी चैनलों पर विपक्ष के नेता व प्रवक्ता आते-जाते रहे।

यूट्यूब चैनलों का दबदबा

लोकसभा चुनाव के समय मीडिया कवरेज के मामले में इस बार यूट्यूब चैनलों ने बाजी मारी। सार्वजनिक रूप से कई राजनीतिक दलों ने तो इसे स्वीकार भी किया कि यूट्यूब चैनल और सोशल मीडिया पर लोकप्रिय हस्तियाँ जनता को न्यूज चैनलों से ज्यादा लुभाती हैं। लोग उन पर विश्वास भी करते हैं। यूट्यूब पर बीजेपी व विपक्ष, दोनों के ही समर्थन में नैरेटिव बनाने में कई लोगों ने बड़ी भूमिका निभाई। जाने-माने पत्रकार प्रदीप सिंह, हर्षवर्धन त्रिपाठी, ओमकार चौधरी, सुशांत सिन्हा, अजीत भारती, अभिषेक तिवारी, मनीष ठाकुर आदि तो लगातार मोदी और बीजेपी के समर्थन में नैरेटिव बना रहे थे, वहीं दूसरी ओर रवीश कुमार, अजीत अंजुम, अभिसार शर्मा, आरफा खानम शेरवानी, आशुतोष आदि ने कांग्रेस और इंडिया ब्लॉक के बारे में माहौल बनाने में कोई कसर नहीं छोड़ी। दरअसल यूट्यूब जैसे प्लेटफॉर्म की सबसे बड़ी खासियत यही है कि यहाँ निष्पक्ष पत्रकारिता का ढोल पीटने वालों के लिए कोई जगह नहीं है। यहाँ लोग आपको देखने व सुनने के लिए इसलिए आते हैं, क्योंकि वे पहले से जानते हैं कि आप किस प्रकार का कंटेंट उन्हें देने वाले हैं। आप दोनों ही पक्षों को अलग-अलग प्लेटफॉर्म पर जाकर सुन सकते हैं। राजस्थान के पूर्व आई.ए.एस. अधिकारी संजय दीक्षित का चैनल 'द जयपुर डायलॉग्स' लगातार हिंदुत्व की राजनीति को समर्थन देता रहा तो वहीं पत्रकार आशुतोष (आम आदमी पार्टी के टिकट पर 2014 में चाँदनी चौक लोकसभा सीट से चुनाव लड़न वाले) के चैनल 'सत्य हिंदी' पर रोजाना मोदी व बीजेपी के खिलाफ चर्चा होती देखी जा सकती है। इनमें से कुछ चैनल 2019 के लोकसभा चुनाव से पहले शुरू हो गए थे, जबकि कुछ बाद में आए। मैंने अपने चैनल 'हर्ष

लोकसभा चुनाव के समय मीडिया कवरेज के मामले में इस बार यूट्यूब चैनलों ने बाजी मारी। सार्वजनिक रूप से कई राजनीतिक दलों ने तो इसे स्वीकार भी किया कि यूट्यूब चैनल और सोशल मीडिया पर लोकप्रिय हस्तियाँ जनता को न्यूज चैनलों से ज्यादा लुभाती हैं।

की बात लाइव' की शुरुआत अप्रैल 2019 में की थी और उस समय यूट्यूब पर बहुत कम पत्रकार हुआ करते थे। इस मंच ने कोविड के काल में एक नई करवट ली। अजीत अंजुम जैसे पत्रकारों ने कोविड के समय मजदूरों के पलायन को लेकर वीडियो बनाने से अपने चैनल की शुरुआत की। इसी प्रकार संजय दीक्षित ने भी कोविड के दौर में ही अपने चैनल पर लाइव शो करने शुरू किए। रवीश कुमार ने एन.डी.टी.वी. को अडानी ग्रुप द्वारा टेकओवर कर लेने के बाद इसे छोड़ दिया और इसके बाद यूट्यूब पर जोरदार उपस्थिति दर्ज कराई। भारत में यूट्यूब क्रिएटर्स में इस प्रकार की ग्रोथ और किसी पत्रकार ने नहीं पाई। राजदीप सरदेसाई व सुधीर चौधरी जैसे पत्रकारों ने भी यूट्यूब पर शुरुआत की, लेकिन वे अपना दर्शक वर्ग नहीं बना पाए। सुधीर ने तो जल्द ही हार मान ली, लेकिन राजदीप सरदेसाई दो साल मेहनत करने के बाद भी एक-सवा लाख दर्शक ही जुटा पाए।

केंद्रीय मंत्री पीयूष गोयल ने प्रगति मैदान स्थित भारत मंडपम में कई यूट्यूबर्स को आमंत्रित कर उनसे अपने कंटेंट में सरकार के अच्छे कार्यों को दिखाने के लिए कहा। लेकिन बीजेपी के आई.टी. व सोशल मीडिया सेल से एक गलती लगातार होती रही।

सोशल मीडिया पर जंग

वैसे अगर मैं कहूँ कि 2024 लोकसभा चुनाव की जंग सोशल मीडिया पर लड़ी गई तो गलत नहीं होगा। सोशल मीडिया का इस्तेमाल करने में बीजेपी ने कोई कसर नहीं छोड़ी। केंद्रीय मंत्री पीयूष गोयल ने प्रगति मैदान स्थित भारत मंडपम में कई यूट्यूबर्स को आमंत्रित कर उनसे अपने कंटेंट में सरकार के अच्छे कार्यों को दिखाने के लिए कहा। लेकिन बीजेपी के आई.टी. व सोशल मीडिया सेल से एक गलती लगातार होती रही। उन्होंने गैजेट्स का विश्लेषण करने वाले, यात्रा ब्लॉग बनाने वालों, कुकरी शो बनाने वाले क्रिएटर्स को अपने प्रचार के लिए चुना। ये एक भूल थी। उदाहरण के तौर पर रनवीर अल्लाबादिया नामक एक युवा यूट्यूबर, जिसके आठ मिलियन से

अधिक सब्सक्राइबर्स हैं, को बीजेपी ने चुना। कई केंद्रीय मंत्रियों को रनवीर के चैनल पर इंटरव्यू (नया नाम-पॉडकास्ट) देते देखा गया। इनमें स्मृति ईरानी, एस. जयशंकर, नितिन गडकरी के नाम प्रमुख हैं। जबकि रनवीर के अगर चैनल को देखें तो उस पर सेहत बनाने, स्टाइलिश दिखने, दिनचर्या व लाइफ स्टाइल से जुड़े वीडियो ही देखने के लिए कुछ साल पहले तक दिखा करते थे। इसके बाद रनवीर ने क्रिकेटर्स, फिल्म स्टार्स और विख्यात लोगों के इंटरव्यू लेने का सिलसिला शुरू किया। उसके सब्सक्राइबर्स की संख्या देखकर बीजेपी ने शायद प्लान किया कि सबके इंटरव्यू कराए जाएँ, लेकिन जिस व्यक्ति को यह नहीं पता कि चुनाव में जमानत जब्त कैसे होती है ? और इसका क्या अर्थ है, उसे इंटरव्यू देने का मतलब कम-से-कम राजनीतिक लोगों के लिए तो मैं उचित नहीं मानता। ये एक गलती थी, जिसका बीजेपी को नुकसान भले ही न हुआ हो, लेकिन कोई फायदा हुआ होगा, ये मैं नहीं मानता। इसके अलावा प्रसिद्ध चैनल 'द लल्लनटॉप' को भी कई केंद्रीय मंत्रियों व राज्यों के मुख्यमंत्रियों के इंटरव्यू चुनाव के संदर्भ में मिले और ये काफी प्रसिद्ध भी रहे, लेकिन 'द लल्लनटॉप' वामपंथी विचारधारा के पत्रकारों से भरा पड़ा है। यही वजह है कि इसके लिए बीजेपी को आलोचनाओं का सामना भी करना पड़ा। दूसरी ओर इंडिया ब्लॉक के दलों ने भी लगातार चैनलों व यूट्यूबर्स को इंटरव्यू देने का सिलसिला जारी रखा।

इंडिया ब्लॉक के लिए अंजुम, रवीश ने जान लगाई

पत्रकार व यूट्यूबर अजीत अंजुम ने तो अपनी लोकसभा चुनाव की कवरेज पूरी तरह अमेठी लोकसभा सीट को ही समर्पित कर दी। अजीत अंजुम इस उम्मीद में अमेठी गए थे कि वहाँ से लोकसभा चुनाव इस बार भी राहुल गांधी ही लड़ेंगे। इंडिया ब्लॉक के समर्थन में वे लगातार वीडियो बना ही रहे थे। अमेठी से केंद्रीय मंत्री स्मृति ईरानी लगातार तीसरी बार चुनाव लड़ रही थी। अंतिम समय में कांग्रेस ने तय किया कि राहुल गांधी इस बार अमेठी से नहीं, रायबरेली से चुनाव लड़ेंगे। एक हफ्ते से अमेठी में डेरा जमाए बैठे अजीत अंजुम सकते में रह गए। अमेठी से किशोरी लाल शर्मा को कांग्रेस का

टिकट मिला तो अजीत अंजुम ने उनका इंटरव्यू भी लिया। कम-से-कम बीस वीडियो अंजुम ने अमेठी में ही रहकर स्मृति ईरानी के खिलाफ बनाए। और जब चुनाव के नतीजे आए तो इस बात का दम भी भरा कि ईरानी की हार में उनका योगदान भी रहा। रवीश कुमार ने तो रैली रिपोर्ट का सिलसिला शुरू किया। विपक्ष के नेताओं अखिलेश यादव, तेजस्वी यादव आदि की रैलियों की कवरेज वे लगातार करते रहे। रवीश ने तो कांग्रेस के समर्थन में एक कदम आगे जाते हुए पवन खेड़ा, सुप्रिया श्रीनेत, जयराम रमेश आदि की प्रेस वार्त्ताएँ ही दिखाने का सिलसिला शुरू कर दिया।

समाचार-पत्रों की स्तरहीन कवरेज

प्रिंट मीडिया की बात करें तो हिंदी अखबार हमेशा की तरह लचर ही साबित हुए। 'इकोनॉमिक टाइम्स' और 'द इंडियन एक्सप्रेस' ने लोकसभा क्षेत्रों की राज्यवार रिपोर्ट बेहतर तरीके से प्रकाशित की। 'टाइम्स ऑफ इंडिया' ने चुनाव के समय चलाए जाने वाले अपने विशेष पेज 'डांस ऑफ डेमोक्रेसी' को लगातार चलाया। वैसे प्रिंट मीडिया का उल्लेख करना तो अब समय की बरबादी ही लगता है। अब अखबार पढ़ने का चलन भी कम हुआ है और इनके राजनीतिक खबरों के लिखने का स्तर भी बेहद गिरा है। हिंदी अखबारों में तो आपको अच्छी रिपोर्ट देखने को ही नहीं मिलेंगी। अंग्रेजी के अखबार में तो फिर भी आपको एक-दो स्टोरी रोज मिल सकती हैं।

विपक्ष के नेताओं अखिलेश यादव, तेजस्वी यादव आदि की रैलियों की कवरेज वे लगातार करते रहे। रवीश ने तो कांग्रेस के समर्थन में एक कदम आगे जाते हुए पवन खेड़ा, सुप्रिया श्रीनेत, जयराम रमेश आदि की प्रेस वार्त्ताएँ ही दिखाने का सिलसिला शुरू कर दिया।

मीडिया मित्र मोदी

चुनाव के तीसरे चरण से प्रधानमंत्री नरेंद्र मोदी ने इस बार इंटरव्यू देने का

सिलसिला जोर-शोर से चलाया। हालाँकि गिनती बताना तो संभव नहीं है, लेकिन एक अनुमान के अनुसार मोदी ने कम-से-कम 40-50 इंटरव्यू इस बार दिए। एक चैनल के दो-दो तीन-तीन पत्रकारों को इंटरव्यू तक दे डाले। 'आज तक' के लिए बीजेपी कवर करने वाले हिमांशु मिश्रा को पटना में इंटरव्यू दिया तो सुधीर चौधरी, चित्रा त्रिपाठी व राहुल कंवल को अपने दफ्तर में बुलाकर। मेरे खयाल से सबसे उल्लेखनीय इंटरव्यू उनका वह रहा, जो उन्होंने 'रिपब्लिक टीवी' के संपादक अर्नब गोस्वामी को दिया। अर्नब गोस्वामी ने कई सवाल दिलचस्प पूछे। इसी इंटरव्यू में मोदी ने यह भी बयान दिया था कि जो लोग भ्रष्टाचार की वजह से अपने हक से वंचित हुए हैं, उनमें से कुछ मामलों में आरोपियों की संपत्ति बेचकर पीड़ितों की मदद भी की जा रही है। 'इंडिया टी.वी.' के संपादक रजत शर्मा को दिया गया इंटरव्यू भी उनका सुर्खियों में रहा और यूट्यूब पर खूब देखा गया। यह इंटरव्यू भारत मंडपम में शूट किया गया, जिसमें 'आप की अदालत' की तर्ज पर हजारों की भीड़ को बुलाया गया था। दिल्ली में लगातार तीसरी बार सारी सीटें हारने वाली आम आदमी पार्टी ने तो आरोप भी लगाया कि इस इंटरव्यू को इस प्रकार प्लान किया गया था कि दिल्ली के चुनाव को प्रभावित किया जा सके। क्योंकि इसका प्रसारण उस दिन हुआ जिस दिन दिल्ली में चुनाव प्रचार खत्म हुआ। हालाँकि इस प्रकार की बातों में मुझे कोई दम नहीं नजर आता। नरेंद्र मोदी के एक के बाद एक दिए गए साक्षात्कारों से यह बात तो खारिज हो गई कि वे मीडिया फ्रेंडली नहीं हैं। अलबत्ता रवीश कुमार जैसे पत्रकारों को मोदी का यह इंटरव्यू देने का अंदाज नहीं भाया और उन्होंने मोदी की आलोचना करते हुए कई वीडियो भी बनाए। वैसे उन्हें इस बात का भी मलाल रहा होगा कि राहुल गांधी ने उन्हें क्यों इंटरव्यू नहीं दिए ?

दिल्ली में लगातार तीसरी बार सारी सीटें हारने वाली आम आदमी पार्टी ने तो आरोप भी लगाया कि इस इंटरव्यू को इस प्रकार प्लान किया गया था कि दिल्ली के चुनाव को प्रभावित किया जा सके। क्योंकि इसका प्रसारण उस दिन हुआ जिस दिन दिल्ली में चुनाव प्रचार खत्म हुआ।

मीडिया से खफा राहुल

राहुल गांधी विपक्ष का चेहरा होने के बाद भी मीडिया को इंटरव्यू देने से बचते रहे। उन्होंने पूरे चुनाव में एक भी इंटरव्यू नहीं दिया। हालाँकि उन्होंने प्रचार के दौरान और इससे पहले अपनी भारत जोड़ो यात्रा के दौरान कई बार मीडिया को फेस किया, लेकिन उनका व्यवहार बहुत ही खराब रहा। पत्रकारों पर बीजेपी समर्थक होने का लेबल वे लगातार लगाते रहे। गाजियाबाद में अखिलेश यादव के साथ संयुक्त प्रेस कॉन्फ्रेंस में एक पत्रकार ने उनसे सवाल पूछा कि क्या आप अमेठी से भी चुनाव लड़ने वाले हैं तो इसे उन्होंने बीजेपी का सवाल करार दे दिया। हालाँकि यह सवाल पूरी तरह से उचित था, क्योंकि 26 अप्रैल तक दो चरणों का मतदान हो चुका था और राहुल व कांग्रेस ने यह साफ नहीं किया था कि अमेठी व रायबरेली सीटों से कौन प्रत्याशी होगा? दूसरे चरण में तो केरल की वायनाड सीट पर भी मतदान हो गया था, जहाँ से राहुल गांधी सांसद थे। ऐसे में तो पहला ही सवाल यह बनता था, लेकिन राहुल ने इसे बीजेपी का सवाल करार दे दिया। इसी प्रकार एक अन्य प्रेस कॉन्फ्रेंस में राहुल गांधी ने 'इंडिया टुडे' के लिए कांग्रेस कवर करने वाली पत्रकार मौसमी सिंह को भी बीजेपी की पत्रकार करार दे दिया। बाद में जयराम रमेश जैसे वरिष्ठ नेताओं ने इस पर अफसोस भी जाहिर किया। हाँ, इंटरव्यू की बात करें तो राहुल गांधी ने पहला इंटरव्यू दिया चुनाव के नतीजे आ जाने के बाद। ब्रिटेन के प्रसिद्ध अखबार 'फाइनेंशियल टाइम्स' के दक्षिणी एशिया के ब्यूरो चीफ जॉन रीड को उन्होंने घर पर बुलाकर इंटरव्यू दिया। 'घर की मुरगी' दाल बराबर वाली बात राहुल गांधी पर सटीक बैठती है। भारतीय मीडिया को वे कभी इंटरव्यू नहीं देते,

राहुल गांधी विपक्ष का चेहरा होने के बाद भी मीडिया को इंटरव्यू देने से बचते रहे। उन्होंने पूरे चुनाव में एक भी इंटरव्यू नहीं दिया। हालाँकि उन्होंने प्रचार के दौरान और इससे पहले अपनी भारत जोड़ो यात्रा के दौरान कई बार मीडिया को फेस किया, लेकिन उनका व्यवहार बहुत ही खराब रहा।

लेकिन फिर भी अपेक्षा करते हैं कि मीडिया उन्हें समर्थन करे और उनके मुद्दों को उठाए। जहाँ तक मुझे याद है, उन्होंने अपना आखिरी इंटरव्यू एक दशक पहले अर्नब गोस्वामी को दिया था। उस समय गोस्वामी 'टाइम्स नाउ' में हुआ करते थे। इस इंटरव्यू को राहुल गांधी की सबसे बड़ी भूल भी माना जाता है। इसमें दिल्ली के सिख दंगों व दूसरे कई मसलों पर राहुल गांधी को अर्नब ने काफी असहज किया था। इसमें राहुल गांधी ने यह भी मान लिया था कि सिख विरोधी दंगों में कांग्रेस के जिन नेताओं का हाथ था, उन्हें सजा मिलनी चाहिए थी। इसके बाद राहुल ने भारतीय मीडिया से बात करनी बंद कर दी। लोकसभा चुनाव में भी उनका रवैया लगातार मीडिया के प्रति उपेक्षा भरा रहा।

□

एग्जिट पोल्स का तिलिस्म टूटा

एग्जिट पोल्स ने इस बार बुरी तरह मात खाई। सभी चैनलों ने एक जून को मतदान खत्म होने के साथ ही अपने नतीजे देने शुरू कर दिए, जो उसी लाइन पर थे, जो पिछले एक साल से आ रहे ओपिनियन पोल्स में दिख रहे थे। मोदी तीसरी बार पी.एम. बनेंगे, बीजेपी की तीन सौ सीटें आएँगी और एन.डी.ए. का आँकड़ा चार सौ पार कर सकता है। मोदी और बीजेपी लगातार 'चार सौ पार' का नारा भी दे रही थी। शायद ही कोई चैनल या सर्वे एजेंसी थी, जो चार सौ पार की बात न कह रही हो। जनवरी 2023 से लेकर अप्रैल 2024 के बीच में जितने भी प्री पोल सर्वे आए, उनमें सबसे ज्यादा सीटें टाइम्स नाऊ-ई.टी.जी. ने एन.डी.ए. को दी थीं। भाजपा के नेतृत्व वाले एलायंस को 358 से 398 सीटें तक आने का अनुमान लगाया गया था। वैसे न्यूज 18 के मार्च 2024 में आए सर्वे में 411 सीटें बीजेपी को दी गई थीं। जनवरी में राम मंदिर प्राण-प्रतिष्ठा समारोह के हो जाने के बाद फरवरी से अप्रैल के बीच जितने भी सर्वे आए, सभी में एन.डी.ए. को 335 (इंडिया टुडे-सी वोटर) से अधिक सीटें दी जा रही थीं। इसी सर्वे में इंडिया ब्लॉक को 166 सीटें मिलने का अनुमान लगाया गया था।

किसी को भी विश्वास ही नहीं हो रहा था कि एन.डी.ए. की गाड़ी 293 पर अटक जाएगी। इंडिया ब्लॉक को 234 सीटें मिलना तो हर सर्वे एजेंसी के लिए चौंकाने वाला था। एक जून की शाम को आए सारे एग्जिट पोल्स लगभग एक जैसे ही थे। ए.बी.पी.-सी वोटर ने एन.डी.ए. को 353 सीटें दीं तो इंडिया टुडे एक्सिस माय इंडिया ने 381 (+-20), रिपब्लिक टी.वी.

मार्टीज ने 360, टाइम्स नाउ-ई.टी.जी. ने 358, इंडिया न्यूज ने 371, इंडिया टी.वी.-सी.एन.एक्स. ने 386 तक सीटें दीं। 2014 में बीजेपी की जीत का सबसे सटीक अनुमान लगाकर खबरों में आए टुडेज चाणक्य ने तो इस बार एन.डी.ए. को 400-415 सीटें तक दे डालीं।

तीन दिन तक इन एग्जिट पोल्स ने खूब धूम मचाई। इस बार एक और चलन देखने को मिला। इन सभी सर्वे करने वाली एजेंसियों के मालिकों ने टी.वी. चैनलों पर खूब शक्लें चमकाईं। खासतौर से एक्सिस माय इंडिया के मालिक प्रदीप गुप्ता ने और सी वोटर के मुखिया यशवंत देशमुख ने टी.वी. चैनलों के साथ-साथ यूट्यूब चैनलों पर भी खूब इंटरव्यू दिए। इससे इनकी कंपनियों की ब्रांडिंग भी हुई और लोगों की इन नतीजों के प्रति उत्सुकता भी बढीं। यशवंत देशमुख को तो बरखा दत्त जैसे वामपंथी पत्रकारों के चैनल पर भी लगातार शो करते देखा गया। हालाँकि नतीजे आने के बाद जब सारे एग्जिट पोल्स गलत साबित हो गए तो यशवंत देशमुख को योगेंद्र यादव जैसे वामपंथी के हाथों जलील भी होना पड़ा। बरखा के शो में योगेंद्र यादव ने खुलेआम यशवंत देशमुख पर आरोप लगा दिया कि उनकी कंपनी बीजेपी के लिए काम करती हुई नजर आई। दूसरी ओर, एक्सिस माय इंडिया के प्रदीप गुप्ता तो 'इंडिया टुडे' पर चार जून को रो ही पड़े। उनके एग्जिट पोल बुरी तरह से धराशायी हो गए। चुनाव के नतीजे लाइव आ रहे थे और इंडिया टुडे चैनल पर राहुल कँवल और राजदी५ सरदेसाई एंकरिंग कर रहे थे। प्रदीप गुप्ता अपनी नाकामी पर बिलख-बिलखकर रोए। बड़ी मुश्किल से राजदीप और राहुल ने उनको ढाढ़स बँधाया।

इस बार लोकसभा चुनाव के नतीजों ने भी शायद उतना नहीं चौंकाया, जितना एग्जिट पोल्स के नतीजों की विफलता ने। वैसे एक्सिस माय इंडिया और सी वोटर, दोनों ही 'इंडिया टुडे' व 'आज तक' के लिए नियमित सर्वे करते हैं। सी वोटर पूरे साल में दो बार 'मूड ऑफ द नेशन' (MOTN) सर्वे देता है। इसे 'इंडिया टुडे' मैगजीन में छापा जाता है और फिर इस पर इंडिया टुडे नेटवर्क के सभी चैनलों, जिनमें 'लल्लनटॉप' जैसा प्रसिद्ध यूट्यूब चैनल भी शामिल है, पर इस MOTN के नतीजों पर चर्चाएँ कराई जाती हैं और इसे लेकर

इतना माहौल बनाया जाता है कि बस पूछिए ही मत! इसमें मुख्यमंत्रियों को रेटिंग दी जाती है। जनता से तरह-तरह के सवालों पर तथाकथित राय ली जाती है। इसकी रेटिंग कितनी सही है, इसका अनुमान इसी बात से लगाया जा सकता है कि जिसे देश का नंबर वन मुख्यमंत्री (नवीन पटनायक) बताया गया, उसे इस बार लोकसभा व विधानसभा चुनाव में करारी हार का सामना करना पड़ा। दो दशक तक सत्ता में रहने के बाद बीजू जनता दल की सरकार ओडिशा से चली गई और लोकसभा की 21 सीटों में से बीजद एक भी नहीं जीत पाई।

मेरी तो हमेशा से ही अपनी राय रही है कि एग्जिट पोल्स पर तो एक बार आप विश्वास भी कर सकते हैं, क्योंकि ये मतदान के बाद तैयार किए जाते हैं, लेकिन ओपिनियन पोल्स किस प्रकार तैयार किए जाते हैं, ये मेरी समझ से बाहर है। कभी साबुन-तेल बेचने वाली कंपनियाँ जरूर इस प्रकार के सर्वे कराया करती थीं। उनके सवाल हुआ करते थे—आपको कौन सा ब्रांड पसंद है? किसकी खुशबू सबसे अच्छी है? किसका रंग सबसे अच्छा है? किसकी पैकिंग सबसे बढ़िया है? आदि आदि। ओपिनियन पोल्स का सिलसिला भी इसी प्रकार के सर्वे से शुरू हुआ था। शुरुआत में मार्केटिंग कंपनियों ने इन्हें किया, बाद में तो इसने एक बड़े कारोबार का रूप ले लिया। साल-दर-साल ये एजेंसियाँ सर्वे करती रहती हैं और चैनलों से खूब पैसा कमाती हैं। मौलिक कंटेंट की कमी से जूझ रहे टी.वी. चैनल भी गुजर-बसर के लिए इनके दम पर चल रहे हैं।

प्रशांत किशोर बनाम योगेंद्र यादव

अगर सेफोलॉजिस्ट या चुनाव विश्लेषकों की बात करेंगे तो ऐसा तो हो ही नहीं सकता कि इन दोनों लोगों का जिक्र न हो। योगेंद्र यादव को 80-90 के दशक में हम दूरदर्शन पर प्रणय रॉय व स्व. विनोद दुआ के साथ विश्लेषण करते हुए देखा करते थे। बाद में इन्होंने राजनीति का रुख किया और अन्ना आंदोलन के दिनों में अरविंद केजरीवाल से जुड़ गए, लेकिन केजरीवाल के साथ टिक पाना हर किसी के बूते की बात नहीं है। ये भी बहुत जल्द केजरीवाल की राजनीति के तौर-तरीके समझ गए और वहाँ से निकल लिये। 'भारत जोड़ो' नामक एक अभियान चलाने लगे। कहा जाता है कि राहुल

गांधी की 'भारत जोड़ो यात्रा' का आइडिया योगेंद्र यादव के दिमाग की उपज है। चर्चाएँ तो यहाँ तक भी रहीं कि योगेंद्र यादव कांग्रेस के टिकट पर हरियाणा की किसी लोकसभा सीट से चुनाव लड़ना चाहते थे, लेकिन वहाँ पूर्व सी.एम. भूपिंदर सिंह हुड्डा ने उनका टिकट नहीं होने दिया। राहुल को हुड्डा ने साफ कह दिया कि अगर योगेंद्र यादव को टिकट दिया गया तो वे इसका खुलकर विरोध करेंगे। इस बात में कितना दम है, यह तो कहना कठिन है, लेकिन ये तो सही है कि योगेंद्र यादव की चुनाव लड़ने की इच्छा थी। इससे पहले 2014 में यादव ने आम आदमी पार्टी के टिकट पर गुड़गाँव लोकसभा सीट से चुनाव लड़ा भी था, लेकिन बुरी हार मिली थी। इस बार लोकसभा चुनाव के मतदान के दौरान योगेंद्र यादव विभिन्न यूट्यूब चैनलों (द वायर, बरखा का द मोजो स्टोरी, रवीश कुमार ऑफिशियल और अजीत अंजुम) पर लगातार अपनी मौजूदगी दर्ज कराते रहे। उनका अनुमान था कि बीजेपी 250 सीटों से आगे नहीं बढ़ पाएगी। उनका यह अनुमान सही साबित हुआ।

दूसरी ओर, प्रशांत किशोर बिहार में एक नई तरह की राजनीति शुरू करना चाहते हैं। प्रशांत किशोर के बारे में ज्यादा विस्तार से बताने की जरूरत नहीं है। उन्होंने चुनावी राजनीति में अनेक नेताओं, जिनमें नरेंद्र मोदी, नीतीश कुमार, राहुल गांधी, ममता बनर्जी, जगनमोहन रेड्डी आदि भी शागिल हैं, के लिए चुनावी रणनीतिकार का भी काम किया। प्रशांत किशोर ने भी इस बार के लोकसभा चुनावों पर अपना विश्लेषण करना जारी रखा। उनका कहना था कि किसी भी हालत में बीजेपी की सीटें इस बार घट नहीं रही हैं। उनका अंदाजा था कि जो नुकसान बीजेपी को महाराष्ट्र, बिहार या उत्तर प्रदेश में हो सकता है, उसकी भरपाई बीजेपी दक्षिण के राज्यों व ओडिशा जैसे नए राज्यों से कर

प्रशांत किशोर के बारे में ज्यादा विस्तार से बताने की जरूरत नहीं है। उन्होंने चुनावी राजनीति में अनेक नेताओं, जिनमें नरेंद्र मोदी, नीतीश कुमार, राहुल गांधी, ममता बनर्जी, जगनमोहन रेड्डी आदि भी शामिल हैं, के लिए चुनावी रणनीतिकार का भी काम किया।

लेगी। ओडिशा में बीजेपी ने इस बार 21 में से 20 लोकसभा सीटें जीतीं भी और विधानसभा चुनाव में भी उसे साफ बहुमत मिला। प्रशांत किशोर ने भी दूसरे चरण के मतदान के बाद टी.वी. चैनलों को जमकर इंटरव्यू दिए। ऐसा लगाा जैसे सबके बीच उनका इंटरव्यू लेने की होड़ सी मची थी। पी.टी.आई. ने उन्हें अपने दफ्तर में बुलाकर इंटरव्यू लिया। इसके अलावा टी.वी. चैनल तो कोई बचा ही नहीं, जिस पर प्रशांत किशोर इस दौरान नजर न आए हों। सब इंटरव्यू में वे यही कहते रहे कि उनके हिसाब से बीजेपी को इस बार सरकार बनाने में कोई दिक्कत नहीं होगी, बल्कि उनके हिसाब से बीजेपी व एन.डी.ए. इस बार पिछली बार से ज्यादा बेहतर स्थिति में हैं। हालाँकि इस दौरान 'द वायर' के लिए करण थापर के साथ उनका इंटरव्यू बहुत ही चर्चाओं में रहा। नंबर वन के वामपंथी पत्रकार करण थापर ने कुछ सवालों को लेकर प्रशांत किशोर को घेरने की कोशिश की तो पी.के. ने उन्हें झाड़ दिया। करण थापर का कहना था कि पी.के. ने हिमाचल प्रदेश में कांग्रेस की हार की भविष्यवाणी की थी, लेकिन वहाँ कांग्रेस की सरकार बन गई। इस पर प्रशांत किशोर ने उत्तेजित होकर कहा भी कि आप मुझे गलत कोट करने की कोशिश कर रहे हैं, मैंने कभी नहीं कहा कि कांग्रेस हारेगी। मैंने यह जरूर कहा था कि कांग्रेस हिमाचल में उतनी मजबूत नजर नहीं आती है कि वह वहाँ सरकार बना सके। और सब जानते हैं कि हिमाचल प्रदेश के चुनाव में कांग्रेस केवल एक प्रतिशत अधिक मत लेकर सरकार बनाने की स्थिति में आ गई।

अलबत्ता प्रशांत किशोर पर वामपंथी मीडिया लगातार यह आरोप जरूर लगाता रहा कि वे बीजेपी के फायदे के लिए ऐसी बयानबाजी कर रहे हैं। इस पर पी.के. का जवाब था कि ऐसा करके उन्हें फायदा क्या हो रहा है? वे तो बिहार में राजनीति करने के लिए कई साल से लगे हैं। अगर वे बीजेपी के समर्थन में उतरना चाहते तो पहले दो चरणों के मतदान के बाद क्यों उतरते? फिर अगर बिहार की राजनीति में उन्हें कुछ करना है तो वहाँ तो उनका मुकाबला बीजेपी से भी होगा? हालाँकि प्रशांत किशोर के अनुमान के मुताबिक चुनाव के नतीजे इस बार आए भी नहीं।

□

हिंदुत्व की एक और जीत

पिछले एक दशक से देश में जितने भी चुनाव हुए हैं, उनको हिंदुत्व की कसौटी पर जरूर कसा गया है। खासतौर से वामपंथी मीडिया व विचारकों को इसमें जरूर दिलचस्पी रही है कि चुनावों के नतीजों में हिंदुत्व कहाँ खड़ा हुआ है?

लोकसभा चुनाव 2024 में भाजपा का पूर्ण बहुमत हासिल न कर पाना, खासकर उत्तर प्रदेश के परिणामों को हिंदुत्व के मुद्दे की विफलता के रूप में प्रचारित किया गया। इसमें फैजाबाद लोकसभा सीट के परिणाम, जिस पर मैंने अलग एक लेख में इसी पुस्तक में विस्तार से विवरण चर्चा की है, की खूब बात की गई। सी.एस.डी.एस. की एक रिपोर्ट में कहा कि पार्टी ने यू.पी. में अपना चुनावी वर्चस्व खो दिया है। वह प्रतीकात्मक फैजाबाद (अयोध्या) सीट भी नहीं जीत पाई। यह बात वाराणसी के बारे में भी कही गई। हालाँकि प्रधानमंत्री नरेंद्र मोदी ने आसानी से जीत हासिल की, लेकिन इस निर्वाचन क्षेत्र में भी पार्टी का वोट शेयर गिरा। यह बात कुछ अन्य प्रमुख निर्वाचन क्षेत्रों के बारे में भी कही गई। क्या इसका मतलब यह है कि हिंदुत्व ने मतदाताओं को जुटाने की अपनी क्षमता खो दी है? यह सवाल इसलिए भी प्रासंगिक हो गया है, क्योंकि पार्टी ने इस बार अपने राजनीतिक वर्चस्व को बचाने और उसे बनाए रखने के लिए कट्टर मुसलिम विरोधी हिंदुत्व पर बहुत अधिक भरोसा किया।

हिंदुत्व के मायने?

इस सवाल का जवाब देने के लिए समकालीन भारतीय राजनीति में

'हिंदुत्व' शब्द के दो अर्थों पर ध्यान देना चाहिए। पहला हिंदुत्व भाजपा की एक अनौपचारिक राजनीतिक विचारधारा है (यह अनौपचारिक है, क्योंकि भाजपा के पार्टी संविधान में वैचारिक संदर्भ बिंदु के रूप में हिंदुत्व का उल्लेख नहीं है)। पार्टी सांस्कृतिक राष्ट्रवाद के प्रति अपनी प्रतिबद्धता को दरशाने के लिए हिंदुत्व का सहारा लेती है। पिछले दस सालों में भाजपा की चुनावी सफलता ने हिंदुत्व को भारतीय राजनीति के प्रमुख राजनीतिक आख्यान में बदल दिया है। गैर-भाजपा दल अपने हिंदू समर्थक रुख को बनाए रखने के लिए भाजपा की हिंदुत्व रणनीति को गंभीरता से लेते हैं। पिछले कुछ सालों में गैर-भाजपा बौद्धिक राजनेताओं के एक वर्ग द्वारा शुरू की गई हिंदुत्व बनाम हिंदू धर्म की बहस इस संबंध में एक अच्छा उदाहरण है। इसका सीधा सा मतलब है कि राजनीतिक वर्ग ने हिंदुत्व संचालित राष्ट्रवाद को राजनीतिक चुनावी लेन-देन के लिए एक वैध टेंपलेट के रूप में स्वीकार कर लिया है।

हिंदुत्व का एक और अधिक जटिल अर्थ भी है। इसका उपयोग हिंदू सांस्कृतिक पहचान को पुनः प्राप्त करने के लिए किया जाता है। एक लोकप्रिय तर्क यह है कि स्वतंत्रता के बाद मुसलमानों को खुश करने के लिए लगातार शासन द्वारा हिंदू हितों की अनदेखी की गई।

हिंदुत्व का एक और अधिक जटिल अर्थ भी है। इसका उपयोग हिंदू सांस्कृतिक पहचान को पुनः प्राप्त करने के लिए किया जाता है। एक लोकप्रिय तर्क यह है कि स्वतंत्रता के बाद मुसलमानों को खुश करने के लिए लगातार शासन द्वारा हिंदू हितों की अनदेखी की गई। इसलिए तर्क यह है कि हिंदू पहचान और संस्कृति की रक्षा करने की आवश्यकता है। हाल के वर्षों में इस भावना को विभिन्न तरीकों से व्यक्त भी किया गया। अयोध्या में राम मंदिर की प्राण प्रतिष्ठा समारोह इसका एक अच्छा उदाहरण है। चुनावों से ठीक पहले किए गए सी.एस.डी.एस. लोकनीति के चुनाव पूर्व सर्वेक्षण से पता चलता है कि लगभग 54 प्रतिशत हिंदू उत्तरदाताओं को लगता है कि अयोध्या में राम मंदिर के निर्माण ने हिंदू पहचान को मजबूत किया है। हिंदुत्व के ये दो

अर्थ—एक स्वीकार्य राजनीतिक आख्यान और हिंदू पहचान की सांस्कृतिक अभिव्यक्ति—लगभग एक दशक से भाजपा के लिए राजनीतिक प्रेरणा का स्रोत रहे हैं। हालाँकि इस बार पार्टी उभरते राजनीतिक परिदृश्य और अपनी हिंदुत्व रणनीति की चुनावी व्यवहार्यता को समझने में विफल रही।

वामपंथी मीडिया के अनुसार, कांग्रेस ने पिछले दस सालों में पहली बार राजनीतिक विमर्श की शर्तें तय करने की कोशिश की। पार्टी ने भाजपा के हिंदुत्व के नारे पर कोई सीधी टिप्पणी किए बिना सामाजिक न्याय और आर्थिक असमानताओं को चुनावी मुद्दे के रूप में पेश किया। इंडिया ब्लॉक के अन्य दलों ने भी इसी तरह की राजनीतिक रणनीति अपनाई। कई विपक्षी नेताओं ने सामाजिक न्याय, रोजगार सृजन और आर्थिक समानता के सवाल उठाते हुए खुले तौर पर अपनी हिंदू पहचान को फिर से दोहराया। हालाँकि 'धर्मनिरपेक्षता' शब्द का सीधे तौर पर इस्तेमाल नहीं किया गया, लेकिन समावेशिता और सामाजिक सद्भाव पर बहुत जोर दिया गया। विपक्ष के नेतृत्व वाला यह नया चुनावी विमर्श जमीनी स्तर पर उभरती सामाजिक वास्तविकताओं के अनुकूल था।

भाजपा कहाँ आगे रही?

इस तथ्य को नजरअंदाज नहीं करना चाहिए कि भाजपा पी.एम. मोदी के नेतृत्व में सरकार बनाने में कामयाब रही है। सबसे महत्त्वपूर्ण बात यह है कि पार्टी के पास इस बार भी प्रभावशाली वोट शेयर है। भाजपा का भौगोलिक विस्तार भी ध्यान देने योग्य है, खासकर ओडिशा में जहाँ उसने पहली बार सरकार बनाई है। यह प्रदर्शन यह भी दरशाता है कि पार्टी की हिंदुत्व केंद्रित राजनीतिक रणनीति अभी पूरी तरह से पुरानी नहीं हुई है। इन चुनावों के नतीजों से एक बात बहुत ही पुख्ता हो गई कि एक मतदाता वर्ग भाजपा ने पूरे देश में ही विकसित कर लिया है। इस प्रकार का मतदाता वर्ग कभी बीजेपी का केवल दिल्ली में हुआ करता था। अस्सी के दौर में भी बीजेपी यहाँ मजबूती से चुनाव लड़ती व जीतती रही। विजय कुमार मल्होत्रा व मदनलाल खुराना जैसे दिग्गत नेता भगवा ध्वज को बुलंद रखते थे। हम लोग उत्तर प्रदेश में रहते

थे तो बचपन से ही कांग्रेस व चौधरी चरण सिंह को ही प्रमुख प्रतिद्वंद्वी माना करते थे। पिताजी सरकारी कर्मचारी थे तो उनकी अकसर चुनावों में ड्यूटी रहा करती थी और वे जब घर लौटते थे तो पूरा ब्योरा दिया करते थे कि कहाँ पर कैसे मतदान हुआ?

सत्तर के दशक के बाद यू.पी. के किसान परिवारों ने हमेशा कांग्रेस के खिलाफ मतदान किया। जब चरण सिंह कांग्रेस से अलग हुए तो ये वोटर इनके साथ हो लिए। इसके बाद नब्बे के दशक में किसान परिवारों ने समाजवादी पार्टी व अजित सिंह की लोकदल को भी अपनी पार्टी माना, लेकिन धीरे-धीरे भाजपा के साथ भी किसानों का एक बड़ा वर्ग जुड़ने लगा। पर यह सब बहुत बाद में हुआ। अस्सी के दशक में जब मैं पहली बार पिताजी के साथ दिल्ली घूमने के लिए आया तो एशियन गेम्स का माहौल था और दिल्ली 1982 के एशियाई खेलों के लिए सज रही थी। दिल्ली में बुआजी रहा करती थीं तो उनके घर ही रुके। वहाँ बुआजी के बेटे अकसर राजनीतिक चर्चा किया करते थे और बताते थे कि देश में सबसे अच्छी पार्टी भारतीय जनता पार्टी है। विश्वास कीजिए, मैं पूछा करता था कि यह कौन सी पार्टी है? उनका जवाब होता था कि यही तो हिंदुओं की असली पार्टी है। और उनकी यह बात किशोर अवस्था में भी मुझे याद रही। '90 के दशक में दिल्ली में बीजेपी को सरकार बनाते देखा। हालाँकि ये सिलसिला बहुत ज्यादा दिन नहीं चला, क्योंकि शीला दीक्षित के नेतृत्व में कांग्रेस ने तीन लगातार योजनाओं में सरकार बनाई। 1998, 2003 व 2008 में कांग्रेस ने शीला दीक्षित के नेतृत्व में लगातार तीन बार जीत हासिल की। लेकिन इन तीनों ही चुनावों में बीजेपी ने क्रमशः 34, 35.22 व 36.34 प्रतिशत वोट हासिल किए। तब से ही दिल्ली में बीजेपी का यह वोट बैंक

जब चरण सिंह कांग्रेस से अलग हुए तो ये वोटर इनके साथ हो लिए। इसके बाद नब्बे के दशक में किसान परिवारों ने समाजवादी पार्टी व अजित सिंह की लोकदल को भी अपनी पार्टी माना, लेकिन धीरे-धीरे भाजपा के साथ भी किसानों का एक बड़ा वर्ग जुड़ने लगा।

लगातार बना हुआ है, केजरीवाल की आम आदमी पार्टी के उद्भव के बाद भी। दिल्ली के उदाहरण पर मैंने थोड़ा विस्तार से चर्चा इसलिए की, क्योंकि दिल्ली पूरे देश की सामाजिक समरसता व समावेशिता की प्रतीक है। हर प्रदेश से आकर यहाँ लोग दशकों से बसते रहे हैं और यहाँ की अधिकांश आबादी बाहर से यहाँ आई है। पाकिस्तान से आए शरणार्थियों ने दिल्ली की राजनीति को हमेशा प्रभावित किया है और यही कारण है कि दिल्ली में भाजपा अपने गठन के समय से ही बड़ी मजबूत रही है।

इसी प्रकार राम मंदिर के मुद्दे ने '90 के दशक में देश के हर राज्य में एक ऐसे हिंदू मतदाता वर्ग को विकसित किया, जिसने भाजपा को अपनी पार्टी मान लिया है। इनमें से एक, पाँच, सात प्रतिशत मतदाता (फ्लोटिंग वोटर) स्थानीय मुद्दों या प्रत्याशियों की वजह से इधर-उधर हो जाता है, लेकिन बाकी लगातार बीजेपी के साथ बना रहता है।

हर प्रदेश से आकर यहाँ लोग दशकों से बसते रहे हैं और यहाँ की अधिकांश आबादी बाहर से यहाँ आई है। पाकिस्तान से आए शरणार्थियों ने दिल्ली की राजनीति को हमेशा प्रभावित किया है और यही कारण है कि दिल्ली में भाजपा अपने गठन के समय से ही बड़ी मजबूत रही है।

दिल्ली से सटी हुई गौतमबुद्धनगर लोकसभा सीट (जिसमें नोएडा का अधिकांश हिस्सा आता है) बीजेपी का गढ़ बन चुकी है। नोएडा बहुमंजिला आवासीय सोसाइटीज व व्यावसायिक भवनों का जंगल है। कहाँ कौन सी जाति या धर्म का आदमी रह रहा है, कहा नहीं जा सकता। यहाँ कोई भी राजनीतिक दल यह नहीं अनुमान लगा सकता कि किसे टिकट दिया जाए? अन्यथा यू.पी. की किसी अन्य लोकसभा सीट के बारे में सोचकर देखिए, हर सीट पर आपको जातीय समीकरण हावी होते नजर आएँगे। बीजेपी के डॉ. महेश शर्मा यहाँ लगातार तीन बार से सांसद बन रहे हैं। तमाम विरोधी खबरों व कयासों के बाद भी वे आसानी से जीत रहे हैं। इसका क्या मतलब हुआ? इसका सीधा सा अर्थ यह है कि शहरी हिस्सों में एक वोटर वर्ग ऐसा है, जो बीजेपी को ही वोट करता है। भले ही उसकी

नौकरी, व्यवसाय, बच्चों की शिक्षा, आवासीय सुविधाओं, स्वास्थ्य सेवाओं को बेहतर करने में बीजेपी की नीतियों का प्रत्यक्ष सहयोग कोई रहा हो या न रहा हो। इसी वोटर वर्ग को मैं सही मायने में हिंदू वोटर मानता हूँ। इस मतदाता वर्ग ने बिना किसी शोर-शराबे के घर से निकलकर अप्रैल-मई की तपती दुपहरी में जाकर देश के हर हिस्से में बीजेपी को वोट दिया। ये जो 240 सीटें बीजेपी को हासिल हुई हैं, ये इसी मतदाता की बदौलत मिली हैं। यह वोटर भाजपा से डिगा नहीं। अगर बीजेपी इस मतदाता के हित के बारे में सोचे तो यकीन मानिए, इससे कम सीटें बीजेपी की आने की कल्पना भी नहीं की जा सकती। हालाँकि इस मतदाता वर्ग को भी भाजपा से शिकायतें हैं। लेकिन इन्हें इस बात का संतोष है कि चलिए, मोदी ने हमारे लिए न सही, बल्कि देश व हिंदू समाज के पुनरुत्थान के लिए तो जमकर काम किया ही है। इसलिए बीजेपी की लगातार तीसरी जीत व मोदी सरकार की तिकड़ी को इसके कोर वोटर हिंदू को समर्पित करने में मैं कोई कोताही नहीं करना चाहूँगा। अब बीजेपी के नेतृत्व को तय करना है कि उसे आगे किस प्रकार इस मतदाता वर्ग को अपने साथ जोड़कर रखना है।

□

भाग-2

उत्तर प्रदेश : कैसे बिगड़ा गणित?

2024 के लोकसभा चुनाव के नतीजों के बाद भारतीय जनता पार्टी द्वारा अपने हर जिले के स्थानीय कार्यकर्ताओं से रिपोर्ट माँगने का सिलसिला शुरू किया गया तो चौंकाने वाले तथ्य सामने आए। एक रिपोर्ट के मुताबिक, इस बार मुसलिम मतदाताओं ने दस प्रतिशत अधिक मतदान किया। जिन लोकसभा क्षेत्रों में मुसलिम आबादी 20 प्रतिशत से अधिक थी, वहाँ बीजेपी को चुनाव जीतने में कठिनाई का सामना करना पड़ा। बीजेपी की उम्मीदों पर सर्वाधिक तुषारापात करने वाले राज्य उत्तर प्रदेश में सहारनपुर, कैराना व मुजफ्फरनगर जैसी सीटों पर हार की वजह यही समीकरण बने। अयोध्या राम मंदिर के प्राण-प्रतिष्ठा समारोह से आकुल मुसलमानों ने बढ़-चढ़कर मतदान किया।

अब तक उत्तर प्रदेश के चुनाव में बहुजन समाज पार्टी एक मुख्य कारक हुआ करती थी। जिस सीट पर बसपा का मुसलिम प्रत्याशी मैदान में आ जाता था, वहाँ बीजेपी के लिए जीत की राह आसान हो जाती थी, लेकिन इस बार इस मिथक को मुसलिम मतदाताओं ने पूरी तरह से तोड़ दिया। बसपा ने यू.पी. में 80 में से 79 सीटों पर अपने प्रत्याशी उतारे और इनमें से 20 मुसलमान थे, लेकिन एक भी सीट बसपा जीत नहीं सकी, जबकि यही बसपा 2019 में समाजवादी पार्टी के साथ गठबंधन में लड़ी थी तो दस सीटें जीत गई थी। बसपा का प्रदर्शन विधानसभा चुनाव 2022 में भी बहुत खराब रहा था। बसपा के मुसलिम प्रत्याशियों का हाल बहुत बुरा हुआ। इनमें से केवल अमरोहा, संभल, संत कबीर नगर, आजमगढ़ और अंबेडकर नगर में ही बसपा के

मुसलमान प्रत्याशी डेढ़ लाख से ज्यादा वोट ले पाए। मुसलमानों ने बसपा को घास नहीं डाली और एकराय होकर समाजवादी पार्टी एवं कांग्रेस के प्रत्याशियों को वोट दिया।

भाजपा ही रही नंबर वन

उत्तर प्रदेश में 33 लोकसभा सीटें जीतने वाली बीजेपी को 3,62,67,072 वोट मिले, जबकि नंबर वन पार्टी बनकर उभरी समाजवादी पार्टी को 2,94,51,786 करोड़ वोट मिले। समाजवादी पार्टी ने 37 सीटें जीतकर इतिहास रचा। मध्य व पूर्वी उत्तर प्रदेश में सपा ने भारी जीत हासिल की।

उत्तर प्रदेश में 33 लोकसभा सीटें जीतने वाली बीजेपी को 3,62,67,072 वोट मिले, जबकि नंबर वन पार्टी बनकर उभरी समाजवादी पार्टी को 2,94,51,786 करोड़ वोट मिले। समाजवादी पार्टी ने 37 सीटें जीतकर इतिहास रचा। मध्य व पूर्वी उत्तर प्रदेश में सपा ने भारी जीत हासिल की।

उत्तर प्रदेश में मुसलिम व दलित मतदाता बीजेपी को हराने के लिए कितना तत्पर था, इसका अनुमान इसी से लगाया जा सकता है कि उसने ये नहीं देखा कि टिकट किसे दिया गया है, उसका बैकग्राउंड क्या है या राजनीति का कितना अनुभव है ? बस वोट बीजेपी के खिलाफ देना था। मेरठ में फिल्म अभिनेता अरुण गोविल के रूप में एक बड़ा नाम बीजेपी ने उतारा, लेकिन वे मुश्किल से दस हजार वोट से ही जीत पाए। कुछ लोगों का तो ये भी मानना था कि अगर गोविल को मेरठ के बजाय अयोध्या से टिकट दिया जाता तो शायद वे जीत जाते और बीजेपी पर ये कलंक भी नहीं लगता कि वह राम मंदिर जैसी बड़ी उपलब्धि के बाद भी न केवल अयोध्या, बल्कि फैजाबाद मंडल, प्रयागराज, वाराणसी, प्रतापगढ़, कौशांबी आदि में लगभग अधिकांश सीटें हार गई। वाराणसी में तो पी.एम. नरेंद्र मोदी का केवल डेढ़ लाख वोटों से जीतना ये दिखाता है कि यू.पी. में बीजेपी के खिलाफ किस तरह से लहर थी।

इस विपरीत लहर के बाद भी बीजेपी का 33 लोकसभा सीटें जीत लेना

यह दरशाता है कि उत्तर प्रदेश आज भी उसकी गढ़ है। उसे 41.37% वोट मिले, जबकि समाजवादी पार्टी को 33.59% व उसकी सहगयोगी कांग्रेस को 9.46% वोट मिले। दोनों मिलाकर ही बीजेपी के बराबर पहुँच पाती हैं। इससे साफ है कि बीजेपी का वोट बैंक यू.पी. में पूरी तरह से उसके साथ ही गया।

शहरी इलाकों में मतदान में 18% तक की गिरावट ने बीजेपी को सबसे ज्यादा नुकसान पहुँचाया। शहरी इलाकों में बीजेपी हमेशा बाजी मारती रही है, लेकिन इस बार उत्तर प्रदेश में पहले तीन चरणों में मतदाता काफी उदासीन रहा। यू.पी. में जीत को लेकर जितनी आश्वस्त बीजेपी थी, उतना ही उसका वोटर भी। जिस घर से छह वोट बीजेपी को डलती थीं, वहाँ इस बार दो-तीन ही पड़ीं और इसी ट्रेंड ने पूरे प्रदेश में भाजपा का नुकसान कराया।

सपा-कांग्रेस में नहीं दिखा तालमेल

ऐसा नहीं था कि समाजवादी पार्टी और कांग्रेस ने बहुत ही बढ़िया तालमेल के साथ चुनाव लड़ा। राहुल गांधी तो अपनी 'भारत जोड़ो न्याय यात्रा' में व्यस्त थे और लोकसभा चुनाव की तारीखों का ऐलान कर दिया गया। ऐसे में अखिलेश यादव ने अपनी ओर से ही घोषणा कर दी कि वे 17 लोकसभा सीटें कांग्रेस के लिए छोड़ रहे हैं। इनमें से अमेठी व रायबरेली के अलावा ज्यादातर सीटें वे थीं, जो 2019 में बहुजन समाज पार्टी ने जीती थीं, जैसे अमरोहा। कुँवर दानिश अली ने बसपा के टिकट पर यह सीट जीती थी, लेकिन इस बार उन्होंने कांग्रेस के टिकट पर किस्मत आजमाई, लेकिन जीत नहीं सके। दानिश को नई संसद के विशेष सत्र (महिला आरक्षण के लिए आहूत) में दक्षिणी दिल्ली के बीजेपी सांसद रमेश बिधूड़ी ने जिस प्रकार भला-बुरा कहा था, उससे उनके प्रति सहानुभूति उमड़नी चाहिए थी, लेकिन ऐसा नहीं हुआ।

शहरी इलाकों में मतदान में 18% तक की गिरावट ने बीजेपी को सबसे ज्यादा नुकसान पहुँचाया। शहरी इलाकों में बीजेपी हमेशा बाजी मारती रही है, लेकिन इस बार उत्तर प्रदेश में पहले तीन चरणों में मतदाता काफी उदासीन रहा।

दानिश अली को बीजेपी के कँवर सिंह तँवर ने 28 हजार मतों से हरा दिया। ऐसे में जबकि पूरे प्रदेश में मुसलमान बीजेपी के खिलाफ आक्रामक वोटिंग कर रहे थे, दानिश का हार जाना आश्चर्यजनक परिणाम रहा।

समाजवादी पार्टी और कांग्रेस के बीच सीट बँटवारे को लेकर कितना तालमेल था, इसका अनुमान इससे भी लगाया जा सकता है कि सीतापुर जैसी सीट पर कांग्रेस को कोई प्रत्याशी नहीं मिल रहा था। अखिलेश यादव ने छह बार के सपा विधायक नरेंद्र वर्मा को टिकट ऑफर किया, लेकिन उन्होंने मना कर दिया, बहाना बनाया, स्वास्थ्य ठीक नहीं है। अंत में सपा ने यह सीट चुपके से कांग्रेस के खाते में खिसका दी। कांग्रेस भी तैयार नहीं थी। कांग्रेस ने पहले बसपा से मंत्री रहे नकुल दूबे को टिकट दे दिया। चार दिन टिकट रखने के बाद दूबे ने हार की निश्चितता देखते हुए लड़ने से इनकार कर दिया। अंतिम समय में बीजेपी के पूर्व विधायक राजेश राठौर को टिकट दिया गया और वे 89 हजार मतों से जीतने में सफल भी रहे। साफ था, मतदाता बीजेपी के खिलाफ वोटिंग कर रहा था, प्रत्याशी कोई भी हो।

अखिलेश यादव ने छह बार के सपा विधायक नरेंद्र वर्मा को टिकट ऑफर किया, लेकिन उन्होंने मना कर दिया, बहाना बनाया, स्वास्थ्य ठीक नहीं है। अंत में सपा ने यह सीट चुपके से कांग्रेस के खाते में खिसका दी। कांग्रेस भी तैयार नहीं थी।

सपा में अखिलेश की स्वीकार्यता स्थापित

समाजवादी पार्टी शुरुआत से ही टिकटों के वितरण में बड़ी विचलित नजर आ रही थी। एक सीट पर कई-कई बार टिकट बदले गए। घर में ही सहमति नहीं थी। बदायूँ से चाचा शिवपाल यादव का टिकट अखिलेश यादव ने घोषित कर दिया, लेकिन चाचा ने इसे नामंजूर कर दिया। वे बेटे आदित्य यादव का कॅरियर शुरू करने के चक्कर में थे। अंत में आदित्य को ही टिकट मिला और वे जीत भी गए। यादव परिवार के लिए नतीजे काफी सुकून भरे रहे। इस बार यादव परिवार से मैदान में उतरे सभी सदस्य—अक्षय

यादव (फिरोजाबाद), डिंपल यादव (मैनपुरी), अखिलेश यादव (कन्नौज), धर्मेंद्र यादव (आजमगढ़) और आदित्य यादव (बदायूँ), लोकसभा पहुँच गए। देश में कई राजनीति पार्टियों के कुल सांसदों की संख्या इतनी नहीं है, जितने सांसद अकेले उत्तर प्रदेश के यादव घराने से निकले। 2019 में केवल अखिलेश यादव ही जीत पाए थे आजमगढ़ से, जबकि अक्षय, धर्मेंद्र और डिंपल को हार का सामना करना पड़ा था।

टिकट वितरण में समाजवादी पार्टी के लिए एक फॉर्मूला बहुत ही सही साबित हुआ। वो था सामान्य सीट पर दलित प्रत्याशी को टिकट देना। मेरठ से दलित सुनीता वर्मा को टिकट नामांकन के अंतिम दिन दिया गया। जबकि फैजाबाद (अयोध्या) लोकसभा सीट से दिग्गज दलित (पासी) नेता अवधेश प्रसाद को टिकट देना तो मास्टर स्ट्रोक साबित हुआ। उन्होंने बीजेपी के दिग्गज व दो बार के सांसद लल्लू सिंह को हरा दिया। इस सीट के लिए बीजेपी पर दबाव था कि वह प्रत्याशी बदले, लेकिन उसने अंतिम समय में लल्लू सिंह के साथ ही जाने का फैसला किया। लल्लू सिंह 54 हजार वोटों के ठीक-ठाक अंतर से हारे। बीजेपी ने अयोध्या जैसी महत्त्वपूर्ण सीट पर टिकट के लिए रणनीति नहीं बनाई। अगर अरुण गोविल को फैजाबाद से टिकट दिया जाता तो शायद बात बन जाती। गोविल ने 'रामायण' टी.वी. सीरियल में प्रभु राम की भूमिका निभाई थी। 37 सीटों के साथ समाजवादी पार्टी उत्तर प्रदेश में सबसे बड़ी पार्टी के रूप में सामने आई। इसके साथ ही इन नतीजों ने अखिलेश यादव को पार्टी के सर्वमान्य नेता के रूप में भी स्थापित कर दिया। अब परिवार में भी अखिलेश यादव को ही पार्टी का नेता मान लिया गया है।

37 सीटों के साथ समाजवादी पार्टी उत्तर प्रदेश में सबसे बड़ी पार्टी के रूप में सामने आई। इसके साथ ही इन नतीजों ने अखिलेश यादव को पार्टी के सर्वमान्य नेता के रूप में भी स्थापित कर दिया। अब परिवार में भी अखिलेश यादव को ही पार्टी का नेता मान लिया गया है।

ठाकुरों का 'भाजपा बहिष्कार'

गुजरात से आने वाले पूर्व केंद्रीय मंत्री पुरुषोत्तम रुपाला, जो इस बार लोकसभा चुनाव लड़े और लाखों मतों से जीते भी, ने एक बयान दिया। इसमें उन्होंने जो कहा, उसका अर्थ यह था कि राजपूतों ने मुगलों से समझौता किया और अपनी बेटियों की शादियाँ मुगल शासकों के साथ करके अपनी सत्ता को बचाया। इस बयान को लेकर पड़ोसी राज्य राजस्थान व फिर उत्तर प्रदेश में बीजेपी के बहिष्कार की मुहिम चली। खासतौर से वेस्ट यू.पी. में राजपूत समाज ने बड़ी-बड़ी सभाएँ करके बाकायदा बीजेपी को हराने का संकल्प लिया और नमक प्रतिज्ञा तक की गई।

इस घटनाक्रम में तीन बिंदु महत्त्वपूर्ण थे—

1. केंद्रीय मंत्री और गाजियाबाद के दो बार के सांसद जनरल वी.के. सिंह का टिकट कटना सबसे महत्त्वपूर्ण था। यहाँ से बीजेपी ने एक वैश्य प्रत्याशी अतुल गर्ग को टिकट दिया, जो गाजियाबाद की सदर सीट से विधायक भी थे। हालाँकि पूर्व सेनाध्यक्ष वी.के. सिंह को यहाँ से 2014 में लोकसभा का टिकट इसलिए दिया गया था, क्योंकि यहाँ से 2009 में राजनाथ सिंह जैसा दिग्गज ठाकुर नेता सांसद चुना गया था। 2014 में मोदी आए तो उन्होंने राजनाथ सिंह को लखनऊ से लड़ने के लिए कहा। राजनाथ के बाद दो बार लगातार वी.के. सिंह सांसद बने और केंद्र में उन्हें मंत्री पद भी दिया गया। 2024 में उनका टिकट बदलकर अतुल गर्ग को दे दिया गया तो ठाकुर समाज ने इसे अपना अपमान माना और कहा कि ठाकुरों की उपेक्षा की जा रही है। अतुल गर्ग पर भूमाफिया जैसे गंभीर आरोप भी लगते रहे हैं।
2. कुश्ती संघ के पूर्व अध्यक्ष और कैसरगंज के पूर्व सांसद ब्रजभूषण शरण सिंह के खिलाफ दिल्ली के जंतर-मंतर पर हुआ महिला पहलवानों का आंदोलन। इसकी वजह से ब्रजभूषण को कुश्ती संघ से अलग किया गया और बाद में चुनाव में जब उनके गुट के ही एक व्यक्ति ने यह चुनाव जीत लिया तो खेल मंत्रालय ने

उस चुनाव को अमान्य घोषित कर दिया। ब्रजभूषण शरण के खिलाफ हरियाणा की जाट लॉबी भी लामबंद थी। हरियाणा के पूर्व मुख्यमंत्री भूपिंदर सिंह हुड्डा के बेटे दीपेंदर को हराकर ही ब्रजभूषण ने कुश्ती संघ का चुनाव जीता था। हुड्डा अपना हिसाब भी चुकता करना चाहते थे और इसी बहाने जाट मतों को अपने लिए एकजुट करना चाहते थे। पीड़ित महिला पहलवान जाट समुदाय से थीं और यह मामला ठाकुर बनाम जाट बन गया। इसे लेकर सोशल मीडिया पर भी एक बड़ी मुहिम चलाई गई। इस मामले में बीजेपी बैकफुट पर रही। ब्रजभूषण के टिकट को होल्ड पर डाल दिया गया। तीन चरण का मतदान हो चुका था, लेकिन कैसरगंज से बीजेपी के टिकट का ऐलान नहीं किया गया। इसका सीधा असर ठाकुर मतदाता पर पड़ा। पहले दो-तीन चरणों के मतदान में वेस्ट यू.पी. की सीटों पर ठाकुर मत बीजेपी से विमुख रहे। बाद में राय बरेली के लिए बीजेपी ने ठाकुर दिनेश प्रताप सिंह के नाम का ऐलान किया। कैसरगंज से भी टिकट घोषित किया, लेकिन ब्रजभूषण के बजाय उनके बेटे करण भूषण को टिकट दिया गया। करण ने लगभग डेढ़ लाख मतों से यह चुनाव जीतकर साबित किया कि क्यों इस इलाके में ब्रजभूषण को किनारे कर पाना किसी के लिए संभव नहीं। ब्रजभूषण लगातार सांसद रहे हैं, भले ही बीजेपी से रहे हों या समाजवादी पार्टी से।

3. ठाकुर बनाम जाट राजनीति का एक बड़ा घटनाक्रम वेस्ट यू.पी. में भी चल रहा था। बीजेपी के बड़े जाट नेता और पूर्व केंद्रीय मंत्री डॉ. संजीव बालियान भी मुजफ्फरनगर लोकसभा सीट पर भारी विरोध का सामना कर रहे थे। बालियान का विरोध कर रहे थे, उन्हीं की पार्टी के पूर्व विधायक ठाकुर संगीत सोम (मेरठ जिले की सरधना विधानसभा सीट के पूर्व विधायक)। सरधना विस सीट मुजफ्फरनगर लोकसभा सीट का हिस्सा है। यहाँ से संगीत सोम को 2022 के विधानसभा चुनाव में समाजवादी पार्टी के अतुल

प्रधान से करारी मात मिली थी। सोम का आरोप था कि उनकी हार की वजह संजीव बालियान हैं, और उन्होंने विस चुनाव में उनकी मदद नहीं की, बल्कि उनका विरोध ही किया। लोकसभा चुनाव में संगीत सोम ने पलटवार किया और संजीव बालियान के खिलाफ एक अभियान चलाया, साथ ही सपा के जाट प्रत्याशी हरेंद्र मलिक के समर्थन में हो रही ठाकुरों की सभाओं को अंदरखाने समर्थन भी दिया। संगीत सोम और संजीव बालियान के बीच मीडिया के माध्यम से वाक्‌युद्ध भी चलता रहा। संगीत सोम के विरोध के कारण सरधना क्षेत्र में संजीव बालियान केवल 45 मतों से ही मलिक से आगे निकल पाए। जबकि यहाँ से वे पहले दस-पंद्रह हजार की लीड लिया करते थे। संजीव बालियान को 26 हजार मतों से पराजय मिली। संजीव बालियान को बीजेपी ने वेस्ट यू.पी. में जाट चेहरे के रूप में स्थापित करने की कोशिश लगातार की है। 2019 के लोकसभा चुनाव में मुजफ्फरनगर लोकसभा सीट पर संजीव बालियान ने रालोद के अध्यक्ष व दिग्गज जाट नेता स्व. अजीत सिंह को छह हजार वोटों से हराया था। लेकिन 2024 के लोकसभा चुनाव में बीजेपी ने अजीत सिंह की पार्टी, जो अब उनके बेटे जयंत चौधरी चला रहे हैं, को एन.डी.ए. में शामिल कर लिया। इससे पहले केंद्र सरकार ने पूर्व प्रधानमंत्री स्व. चौधरी चरण सिंह (अजीत सिंह के पिता और जयंत के दादा) को भारत रत्न से भी सम्मानित किया। इसके बावजूद जाट मतों में विभाजन हुआ। जाटों ने कम-से-कम मुजफ्फरनगर लोकसभा सीट पर तो संजीव बालियान को अपनी पहली पसंद नहीं माना। बल्कि ज्यादातर जाट वोट सपा प्रत्याशी हरेंद्र मलिक को मिले। बुढ़ाना लोकसभा सीट पर संजीव बालियान 16 हजार मतों से हारे। जबकि ये उनके प्रभाव का सबसे महत्त्वपूर्ण विधानसभा क्षेत्र था। एक प्रकार से राष्ट्रीय लोकदल को साथ लेने के बाद भी भारतीय जनता पार्टी जाटों का एकमुश्त वोट नहीं ले सकी। दूसरे, ठाकुरों

की नाराजगी उसके खिलाफ गई। मुजफ्फरनगर से मिलती हुई लोकसभा सीटों कैराना व सहारनपुर में भी ठाकुरों ने बीजेपी के खिलाफ वोट किया।

आरक्षण पर भ्रम और दलित मतों में बिखराव

प्रधानमंत्री नरेंद्र मोदी की कल्याणकारी योजनाओं के समर्थन में 2019 के लोकसभा चुनाव में बड़े पैमाने पर ध्रुवीकरण देखने को मिला था। दलित वोटर ने चुपचाप बीजेपी को वोट दिया था। इसकी एक वजह समाजवादी पार्टी व बहुजन समाज पार्टी का अव्यावहारिक गठबंधन भी था। दलित वोटर ने बसपा को तो वोट दिया, लेकिन जहाँ पर समाजवादी पार्टी का प्रत्याशी था, वहाँ दलित वोटों का एक बड़ा हिस्सा बीजेपी के साथ गया था। उत्तर प्रदेश की ज्यादातर सुरक्षित सीटों पर भारतीय जनता पार्टी के प्रत्याशियों को जीत मिली। बसपा ने 10 लोकसभा सीटें वहाँ जीती जहाँ मुसलिम मतदाताओं की संख्या ठीक-ठाक थी। दलित और मुसलिम वोटों का एक जगह पर गिरना चमत्कारिक समीकरण है और इसी का लाभ बसपा को 2019 के लोकसभा चुनाव में मिला। 2024 में बसपा का प्रदर्शन बेहद खराब रहा। चुनाव से पहले आने वाले तमाम ओपिनियन पोल्स बसपा के शून्य पर चले जाने का दावा कर रहे थे। हालाँकि इस बार तमाम सर्वे विफल रहे, लेकिन बसपा के संबंध में जितनी भी भविष्यवाणी की गई, वे सही साबित हुईं। बसपा यू.पी. में खाता भी नहीं खोल पाई। 2014 में भी बसपा का यही हाल हुआ था। इस बार दलित मतदाता के रुख को भाँप पाना आसान नहीं था। बीजेपी का 400 पार का नारा जैसे गले की फाँस बन

> ***दलित वोटर ने चुपचाप बीजेपी को वोट दिया था। इसकी एक वजह समाजवादी पार्टी व बहुजन समाज पार्टी का अव्यावहारिक गठबंधन भी था। दलित वोटर ने बसपा को तो वोट दिया, लेकिन जहाँ पर समाजवादी पार्टी का प्रत्याशी था, वहाँ दलित वोटों का एक बड़ा हिस्सा बीजेपी के साथ गया था।***

गया। कांग्रेस और समाजवादी पार्टी लगातार यह प्रचार करते रहे कि संविधान बदलने और आरक्षण को हमेशा के लिए खत्म करने के लिए भाजपा इतना बड़ा बहुमत लाना चाहती है। अयोध्या (फैजाबाद लोकसभा सीट) पर बीजेपी की हार में इस अफवाह का असर साफ देखा जा सकता है। समाजवादी पार्टी ने फैजाबाद की सीट सामान्य होने के बावजूद दलित विधायक अवधेश प्रसाद, जो पासी समाज से आते हैं, को टिकट दिया। यहाँ ढाई लाख के करीब आबादी पासी समाज की है और इसने बीजेपी के खिलाफ मतदान किया।

समाजवादी पार्टी ने फैजाबाद की सीट सामान्य होने के बावजूद दलित विधायक अवधेश प्रसाद, जो पासी समाज से आते हैं, को टिकट दिया। यहाँ ढाई लाख के करीब आबादी पासी समाज की है और इसने बीजेपी के खिलाफ मतदान किया।

इसके अलावा उत्तर प्रदेश में दलित समुदाय ने अधिकांशतः बीजेपी के खिलाफ मतदान किया। फर्क केवल यह रहा कि वोट डालने के बाद बाहर आकर ज्यादातर ने कहा यही कि वे बीजेपी को वोट देकर आए हैं, लेकिन ऐसा था नहीं। अंडर करंट काम कर रहा था, जिसे समझने में बीजेपी विफल रही।

अखिलेश यादव ने इस बार बसपा की कमजोरी को शुरू में ही भाँप लिया था और इसलिए उन्होंने कई सामान्य सीटों पर दलित प्रत्याशी उतारे। सबसे बड़ा उदाहरण मेरठ लोकसभा सीट है। यहाँ से बीजेपी ने तीन बार के सांसद राजेंद्र अग्रवाल का टिकट काटकर फिल्म अभिनेता अरुण गोविल को टिकट दिया। गोविल मूल रूप से मेरठ के रहने वाले नहीं हैं, पर सत्तर के दशक में उनके पिता यहाँ नगर निगम में कर्मचारी हुआ करते थे। उनकी बहन की ससुराल भी मेरठ में है। इसलिए अरुण गोविल को यहाँ से टिकट मिल भी गया। हालाँकि बीजेपी का संगठन इस टिकट से नाराज रहा। समाजवादी पार्टी ने यहाँ तीन बार टिकट बदले। पहले एक वकील भानुप्रताप को टिकट दिया गया। उनके बारे में ये फीडबैक मिला कि वे गाजियाबाद में रहते हैं और यहाँ शायद चुनाव मैनेज नहीं कर पाएँगे। इसके बाद सरधना के युवा सपा विधायक अतुल प्रधान को टिकट दिया गया,

लेकिन दो दिन के भीतर ही ये टिकट फिर बदला गया। हस्तिनापुर (सु) के पूर्व विधायक योगेश वर्मा, जो दलितों के बीच खासे लोकप्रिय हैं, की पत्नी सुनीता वर्मा को नामांकन के अंतिम दिन टिकट दिया गया। समाजवादी पार्टी को ये सपष्ट हो चुका था कि मुसलमान इस बार सपा-कांग्रेस गठबंधन को वोट करने वाले हैं और इसमें अगर दलित वोट सरप्लस हो जाते हैं तो ये सीट जीती जा सकती है। काँटे का चुनाव हुआ और अरुण गोविल केवल दस हजार मतों से यह चुनाव जीत पाए। यहाँ से बसपा ने देवव्रत त्यागी के रूप में एक सवर्ण को टिकट दिया था, जिन्हें 87 हजार वोट मिले। कहा जा सकता है कि ये वोट भी बीजेपी के खाते से ही कटकर गठबंधन के पास गए। मेरठ से लगती सीट मुजफ्फरनगर पर भी बसपा ने दारा सिंह प्रजापति के रूप में एक ओ.बी.सी. प्रत्याशी को टिकट दिया। प्रजापति समाज मूल रूप से बीजेपी का वोटर रहा है, लेकिन वहाँ प्रजापति ने 1.43 लाख वोट हासिल किए, जो बीजेपी के प्रत्याशी संजीव बालियान के लिए घातक साबित हुए। वैसे बीजेपी मुजफ्फरनगर व मेरठ लोकसभा सीटों पर बसपा के मुसलिम प्रत्याशियों की उम्मीद कर रही थी, लेकिन ऐसा नहीं हुआ।

रावण का उदय

उत्तर प्रदेश की दलित राजनीति की चर्चा हो और नगीना (सुरक्षित) लोकसभा सीट के चुनाव का जिक्र न हो, ये तो हो ही नहीं सकता। बिजनौर जिले का ही एक भाग है ये सीट। 2014 में इसे बीजेपी ने जीता था तो 2019 में यहाँ से सपा-बसपा गठबंधन को जीत मिली थी। इस बार भाजपा, सपा व बसपा, तीनों ने ही अपने प्रत्याशी उतारे, लेकिन जीत मिली आजाद समाज पार्टी (काँशीराम) के नेता चंद्रशेखर आजाद उर्फ रावण को। उन्होंने बीजेपी के ओम कुमार, जो विधायक भी हैं, को 1.51 लाख मतों से हराया। यहाँ बसपा को केवल 13,272 वोट हासिल हुए। सुरक्षित सीट पर, जहाँ पिछली बार बसपा ने जीत हासिल की थी, वहाँ उसका प्रत्याशी इतनी खराब स्थिति में पहुँच गया। ये एक सबक था मायावती व बसपा के लिए। सपा प्रत्याशी को केवल एक लाख ही वोट मिले। आजाद को 5,12,552 लाख

वोट मिले। इस चुनाव ने सबसे बड़ा झटका तो समाजवादी पार्टी को दिया। चंद्रशेखर आजाद ने 2022 के विधानसभा चुनाव व उसके बाद वेस्ट यू.पी. में हुए उपचुनावों में समाजवादी पार्टी और रालोद के गठबंधन का साथ दिया था। इस दौरान रावण ने अखिलेश यादव और जयंत चौधरी से आश्वासन ले लिया कि उनको नगीना सीट पर टिकट दिया जाएगा। जयंत चौधरी तो चले गए एन.डी.ए. के साथ और अखिलेश यादव अपने वादे से मुकर गए। अखिलेश को लगा कि सुरक्षित सीटों पर इस बार सपा प्रत्याशियों के लिए बेहतर समीकरण बन रहे हैं, इसलिए उन्होंने आजाद को टिकट नहीं दिया। आजाद की पार्टी की कोई विशेष पहचान नहीं थी और उन्हें निर्दलीय प्रत्याशी भी कहा जा सकता है, लेकिन चुनाव में उनको भारी समर्थन मिला।

मायावती इस बार रणनीतिक रूप से पूरी तरह विफल रहीं। उन्होंने अपने भतीजे आकाश आनंद को पार्टी की कमान सौंपी और आकाश ने पहली ही जनसभा नगीना में की। लेकिन आकाश ने अपने भाषणों में बीजेपी पर तीखे हमले करने शुरू कर दिए।

वेस्ट यू.पी. के जिले सहारनपुर के मूल निवासी चंद्रशेखर की दलित समाज के युवाओं में काफी लोकप्रियता है। उनकी बढ़ती प्रसिद्धि से मायावती भी चिंतित हैं। मायावती इस बार रणनीतिक रूप से पूरी तरह विफल रहीं। उन्होंने अपने भतीजे आकाश आनंद को पार्टी की कमान सौंपी और आकाश ने पहली ही जनसभा नगीना में की। लेकिन आकाश ने अपने भाषणों में बीजेपी पर तीखे हमले करने शुरू कर दिए। इससे मायावती नाराज हो गईं। मायावती का हमेशा एक ही लक्ष्य रहा है कि यू.पी. में किसी भी प्रकार समाजवादी पार्टी न आगे बढ़ जाएँ। आकाश उनकी लाइन को तोड़कर प्रचार कर रहे थे, जो उन्हें नहीं भाया और बीच चुनाव में उन्होंने आकाश को सारी जिम्मेदारियों से मुक्त कर दिया। इसका नुकसान बसपा को हुआ और नगीना सुरक्षित सीट से चंद्रशेखर आजाद उर्फ रावण का उदय एक नए दलित नेता के रूप में हुआ। दलित राजनीति ने इस बार उत्तर प्रदेश की राजनीति में सबसे चौंकाने वाले परिणाम दिए। चुनाव के नतीजे आने के बाद

मायावती ने तो यहाँ तक कह दिया कि आगे से मुसलमानों को टिकट देने से पहले वे सौ बार सोचेंगी। अलबत्ता उन्हें इस बात का संतोष रहा होगा कि उनका मूल वोटर, जो जाटव समुदाय से आता है, उनके साथ कायम रहा।

पसमांदा नहीं आए साथ

मुसलमानों को बीजेपी से जोड़ने के लिए प्रधानमंत्री नरेंद्र मोदी ने अपने भाषणों में लगातार पिछड़े मुसलमानों (पसमांदा) का जिक्र किया। अलीगढ़ में अप्रैल 2024 में एक जनसभा में उन्होंने कहा भी कि इस देश में कांग्रेस व दूसरी पार्टियों ने मुसलमानों को केवल एक वोट बैंक के रूप में इस्तेमाल किया। पसमांदा मुसलमानों का एक बड़ा वर्ग उत्तर प्रदेश के पूर्वांचल में है। मऊ, गाजीपुर, भदोही, वाराणसी में बड़ी संख्या में पिछड़े मुसलमान रहते हैं। बीजेपी के अनुसार पिछड़े मुसलमानों में बढ़ई, दलित, जुलाहे व ऐसा ही छोटा-मोटा काम करने वालों की संख्या 80% के आसपास है। मोदी व उनकी टीम ने लगातार इसी वर्ग पर फोकस करते हुए काम शुरू किया।

उत्तर प्रदेश में एक पसमांदा मुसलमान दानिश आजाद अंसारी को एम.एल.सी. बनाकर राज्य सरकार में अल्पसंख्यक मामलों का मंत्री भी बनाया। इस विभाग के कैबिनेट मंत्री ओमप्रकाश राजभर हैं। राजभर ने विधानसभा चुनाव अखिलेश यादव के साथ मिलकर लड़ा था, लेकिन लोकसभा चुनाव आते-आते वे बीजेपी में आ गए। हालाँकि योगी आदित्यनाथ के पहले कार्यकाल में वे यू.पी. की सरकार में मंत्री भी बने थे, लेकिन मतभेदों के चलते अलग हो गए थे। अपनी अलग पार्टी भी चलाने लगे थे। लोकसभा चुनाव नजदीक आए तो बेटे को घोसी सीट से सांसद बनाने के चक्कर में फिर बीजेपी के गठबंधन में शामिल हो गए। घोसी सीट पर पसमांदा मुसलमानों की संख्या अच्छी-खासी है, लेकिन फिर भी राजभर अपने बेटे को चुनाव नहीं जितवा पाए। मुसलमानों के वोटों को लुभाने के लिए दानिश अंसारी ने घोसी में कैंप करके रखा, लेकिन फिर भी मुसलमानों ने वोट समाजवादी पार्टी के भूमिहार प्रत्याशी को ही दिए। राजभर को हार का सामना करना पड़ा। ये तो एक छोटा सा उदाहरण है कि मुसलमानों ने बीजेपी के किसी भी प्रयास को

मंजूर नहीं किया और एकदम खुलकर बीजेपी के खिलाफ मतदान किया। कुछ बूथ तो ऐसे भी थे जिन पर सौ प्रतिशत मुसलमानों के वोट थे। वहाँ एक-दो वोट से ज्यादा बीजेपी को नहीं मिले। दानिश आजाद अंसारी को एम.एल. सी. बनाने के अलावा भाजपा ने अलीगढ़ मुसलिम विश्वविद्यालय के पूर्व उप कुलपति तारिक मंजूर को भी एम.एल.सी. बनाया, लेकिन इसका कोई लाभ नहीं मिला। 2022 के विधानसभा चुनाव में बीजेपी को एक रिपोर्ट मिली थी कि आठ प्रतिशत पसमांदा मुसलमानों ने बीजेपी के लिए वोट किया है। इसके अलावा लगातार यह धारणा भी बनाई जाती रही कि मुसलिम महिलाएँ तीन तलाक के कानून से खुश हैं और भले ही उनके घर के पुरुष सदस्य कहीं भी वोट दें, लेकिन वे मोदी को वोट दे रही हैं, लेकिन इस धारणा की पुष्टि नहीं हो सकी। यहाँ तक कि मीडिया ने कुछ मुसलिम महिलाओं से मतदान केंद्रों के बाहर पूछताछ की तो बहुतों ने कहा कि तीन तलाक का कानून बहुत सही है और मुसलिम महिलाओं का इससे भला भी हो रहा है, लेकिन जिन बूथों के बाहर ये बातचीत हो रही थी, वहाँ बीजेपी को एक भी वोट नहीं मिला। यानी यह पूरी कवायद परवान नहीं चढ़ सकी। मुसलमानों ने तीन तलाक के कानून को सीधे अपने मजहबी मामलों में सरकार का हस्तक्षेप माना। और ऐसा मानने वालों में मुसलिम पुरुषों के साथ-साथ महिलाएँ भी शामिल रहीं।

कुछ बूथ तो ऐसे भी थे जिन पर सौ प्रतिशत मुसलमानों के वोट थे। वहाँ एक-दो वोट से ज्यादा बीजेपी को नहीं मिले। दानिश आजाद अंसारी को एम.एल.सी. बनाने के अलावा भाजपा ने अलीगढ़ मुसलिम विश्वविद्यालय के पूर्व उप कुलपति तारिक मंजूर को भी एम.एल.सी. बनाया, लेकिन इसका कोई लाभ नहीं मिला।

उत्तर प्रदेश में मुसलमानों के लिए बीजेपी ने बिना किसी भेदभाव के काम किया। बीस लाख प्रधानमंत्री आवास केवल मुसलमानों के बने, लेकिन बीस लाख वोट भी शायद मुसलमानों के बीजेपी को नहीं मिले। 2.61 करोड़ राशन कार्ड भी मुसलमानों के बने, लेकिन इसे किसी प्रकार की कृपा नहीं

माना मुसलिम समाज ने। उनका मानना था कि ये उनका हक है और देश के हर नागरिक की तरह सरकार उन्हें भी मुफ्त राशन दे रही है। 2022 में दिल्ली में लगे एक बुनकर मेले में मेरी मुलाकात भदोही के मुसलिम जुलाहों (अंसारी) से हुई थी। मेले में बहुत ही खूबसूरत कालीन बनाकर वे बिक्री के लिए लाए थे। कई ने मुझे बताया कि केंद्र सरकार की ऋण देने की विभिन्न योजनाओं का लाभ उन्होंने उठाया है और अपने कारखानों को आधुनिक मशीनों से युक्त किया है। सब एक सुर से मोदी सरकार की तारीफ कर रहे थे, लेकिन चुनाव के नतीजों में इसकी गूँज नहीं सुनाई दी। हालाँकि भदोही लोकसभा सीट की बात करें तो यहाँ से बीजेपी के डॉ. विनोद कुमार बिंद 44 हजार मतों से जीत जरूर गए, लेकिन यहाँ पर जीत की सबसे बड़ी वजह यह थी कि यहाँ से गठबंधन प्रत्याशी के रूप में टी.एम.सी. के टिकट पर ललितेशपति त्रिपाठी चुनाव लड़ रहे थे। अखिलेश यादव ने ममता बनर्जी से वादा किया था और एक सीट उनके लिए छोड़ दी थी। ललितेश इंदिरा गांधी के समय उत्तर प्रदेश के दिग्गज कांग्रेसी नेता रहे कमलापति त्रिपाठी के पोते हैं।

□

महाराष्ट्र : असली-नकली का खेल

उत्तर प्रदेश के बाद जिस एक राज्य ने बीजेपी को सबसे ज्यादा धक्का पहुँचाया, वह रहा महाराष्ट्र। यू.पी. में 80 लोकसभा सीटें दाँव पर होती हैं तो महाराष्ट्र में 48। राजनीतिक लिहाज से देश के तीन-चार महत्त्वपूर्ण राज्यों में इसकी गिनती होती है। लेकिन 2019 के विधानसभा चुनावों के बाद इस राज्य के राजनीतिक समीकरणों में जितना बदलाव आया, वह शायद कभी किसी राज्य में इससे पहले देखने को नहीं मिला हो। यहाँ की राजनीति कांग्रेस बनाम बीजेपी की रही है, कई दशकों से। बीजेपी के साथ लंबे समय से शिवसेना जुड़ी हुई थी और कांग्रेस के साथ एन.सी.पी. जुड़ गई। एन.सी.पी., एक ऐसी पार्टी जो कांग्रेस से अलग हुई और फिर दो साल के बाद ही कांग्रेस की सबसे बड़ी सहयोगी पार्टी बन गई। शरद पवार ने सोनिया गांधी के विदेशी मूल के मुद्दे पर कांग्रेस ने नाता तोड़ा था, लेकिन राजनीतिक लाभ के लिए वे बहुत जल्द कांग्रेस के साथ हो लिये। उनका रवैया ममता बनर्जी जैसा सख्त कभी नहीं रहा। ममता बनर्जी ने कांग्रेस से अलग होकर टी.एम.सी. बनाई तो फिर कांग्रेस की ओर मुड़कर नहीं देखा। इस बार विपक्ष का इंडिया गठबंधन बना, लेकिन ममता बनर्जी ने कांग्रेस से किसी प्रकार का समझौता करने से इनकार कर दिया, लेकिन शरद पवार का रवैया थोड़ा समझौतावादी या कह सकते हैं कि मौकापरस्त रहा। उन्हें यू.पी.ए. की सरकार में केंद्रीय मंत्री बनने से भी कोई परहेज नहीं रहा।

बहरहाल 2019 के विधानसभा चुनाव में बीजेपी और शिवसेना के गठबंधन को स्पष्ट जनादेश मिला, लेकिन उद्धव ठाकरे ने जिद पकड़ ली

कि इस बार मुख्यमंत्री शिवसेना का होगा। उनका कहना था कि चुनाव प्रचार के समय अमित शाह ने वादा किया था कि बीजेपी व शिवसेना के ढाई-ढाई साल के लिए मुख्यमंत्री बनेंगे। 2014 से 2019 तक बीजेपी पाँच साल से देवेंद्र फडणवीस के नेतृत्व में सफल सरकार चला रही थी और उसे यह कतई मंजूर नहीं था कि शिवसेना को सी.एम. की कुरसी दी जाए। देवेंद्र फडणवीस महाराष्ट्र में बीजेपी के पहले मुख्यमंत्री थे। इससे पहले सी.एम. की कुरसी हमेशा शिवसेना को ही मिलती रही थी, लेकिन वह दौर तब का था, जब बाला साहेब ठाकरे जीवित थे। उन्होंने स्वयं के लिए कभी कुरसी की इच्छा नहीं की, लेकिन शिवसेना बड़े भाई की भूमिका में ही रही। मराठा राजनीति के दबदबे वाले राज्य में 2014 में बीजेपी ने देवेंद्र फडणवीस के रूप में एक ब्राह्मण को सी.एम. की कुरसी पर बैठाकर एक बड़ा प्रयोग किया था। शिवसेना बाद में समर्थन देने के लिए आगे आई थी। इस प्रकार के प्रयोगों की शुरुआत मोदी काल में ही हुई। महाराष्ट्र के अलावा बीजेपी ने उसी साल झारखंड में गैर-आदिवासी रघुबर दास और हरियाणा में गैर-जाट मनोहर लाल खट्टर को सी.एम. बनाकर भी दो प्रयोग किए थे। हालाँकि ये प्रयोग विफल ही साबित हुए। दोनों ही राज्यों में पाँच साल बाद बीजेपी अपने दम पर सरकार नहीं बना पाई। झारखंड में तो सत्ता से बाहर ही हो गई और हरियाणा में बीजेपी को जाटों की नई-नवेली पार्टी जननायक जनता पार्टी (जे.जे.पी.) का सहयोग लेना पड़ा। लेकिन महाराष्ट्र में देवेंद्र फडणवीस ने अपनी योग्यता साबित की और 2019 में बीजेपी-शिवसेना के चुनाव पूर्व गठबंधन को स्पष्ट बहुमत मिला। लेकिन बाला साहेब ठाकरे की तरह उद्धव ठाकरे में किंगमेकर वाला जज्बा नहीं था। उन्होंने जिद पकड़

देवेंद्र फडणवीस महाराष्ट्र में बीजेपी के पहले मुख्यमंत्री थे। इससे पहले सी.एम. की कुरसी हमेशा शिवसेना को ही मिलती रही थी, लेकिन वह दौर तब का था, जब बाला साहेब ठाकरे जीवित थे। उन्होंने स्वयं के लिए कभी कुरसी की इच्छा नहीं की, लेकिन शिवसेना बड़े भाई की भूमिका में ही रही।

ली कि सी.एम. शिवसेना का ही होगा। यों भी कहा जा सकता है कि उनके मन में सी.एम. बनने का अरमान जाग गया। उनका बेटा आदित्य ठाकरे विधायक बना था, लेकिन उद्धव ठाकरे ने चुनाव नहीं लड़ा था। उद्धव ठाकरे ने कभी शिवसेना की ओर से सी.एम. के लिए कोई नाम भी प्रस्तावित नहीं किया। इसका अर्थ यह भी लगाया जा सकता है कि उनके मन में स्वयं ही सी.एम. बनने की इच्छा बलवती हो गई थी।

शिवसेना के अड़ियल रवैए के बाद प्रदेश में राष्ट्रपति शासन लग गया, लेकिन शरद पवार के भतीजे अजीत पवार ने देवेंद्र फडणवीस के साथ मिलकर सुबह-सवेरे शपथ लेकर एक नाटकीय घटनाक्रम को जन्म दिया। लेकिन दो दिन बाद ही शरद पवार ने इमोशनल कार्ड खेलकर उन्हें वापस बुला लिया। यह आज भी रहस्य है कि यह शपथ ग्रहण समारोह शरद पवार की अनुमति के बाद ही हुआ था या नहीं? देवेंद्र फडणवीस ने कई बार मीडिया के सामने कहा भी कि शरद पवार पूरे घटनाक्रम से वाकिफ थे, लेकिन शरद पवार ने कभी इस सच को नहीं स्वीकारा। अलबत्ता उन्होंने उद्धव ठाकरे को बीजेपी से अलग होने के लिए उकसाया। साथ ही आश्वासन दिया कि अगर वे चाहेंगे तो कांग्रेस को भी साथ ले लिया जाएगा और शिवसेना, एन.सी.पी. व कांग्रेस मिलकर सरकार बनाएँगे। ऐसा ही हुआ। महाराष्ट्र में एम.वी.ए. (महाराष्ट्र विकास अघाड़ी) की सरकार बन गई। उद्धव ठाकरे सी.एम. बने और एन.सी.पी. के अनिल देशमुख गृह मंत्री बने। इस सरकार के बनते ही कोविड महामारी का दौर शुरू हो गया। मुंबई में कोविड ने सबसे ज्यादा कहर बरपाया। ठाकरे सरकार इसे हैंडल करने में पूरी तरह विफल रही। इसी समय रिलायंस इंडस्ट्रीज के मालिक मुकेश अंबानी के घर के बाहर विस्फोटकों से भरी गाड़ी मिलने की घटना हुई और इस घटना ने ठाकरे सरकार की उलटी गिनती शुरू करा दी। मुंबई पुलिस की संदिग्ध भूमिका और उसके कुछ अफसरों की मिलीभगत के मामले ने ठाकरे सरकार को कठिनाई में ला दिया। गृह मंत्री अनिल देशमुख पर मुंबई पुलिस के बड़े अफसरों ने ही आरोप लगाए कि वे एक पूर्व भ्रष्ट पुलिस अफसर के माध्यम से उगाही कर रहे थे। सारे पुलिस अफसरों को

उगाही के टारगेट दे दिए गए थे। इसी मामले ने ठाकरे सरकार के लिए सारी मुश्किलें शुरू कीं। ठाकरे ने स्वास्थ्य कारणों से सी.एम. दफ्तर जाना बंद कर दिया था और अनिल देशमुख को जेल जाना पड़ा। जिस सरकार का गृह मंत्री उगाही के आरोपों में जेल जाए, उसका भविष्य क्या हो सकता था!

शिवसेना के कद्दावर नेता एकनाथ शिंदे ने ठाकरे के खिलाफ बिगुल फूँक दिया और सांसदों व विधायकों के एक बड़े धड़े के साथ अलग हो गए। महाराष्ट्र में एक बार फिर बीजेपी व शिवसेना की सरकार बनी, लेकिन इस बार सी.एम. शिंदे बने और देवेंद्र फडणवीस डिप्टी सी.एम. की भूमिका में थे। इस सरकार में सब कुछ ठीक-ठाक चल रहा था। चुनाव आयोग में कानूनी लड़ाई भी चलती रही। शिवसेना पर अधिकार एकनाथ शिंदे का है या फिर उद्धव ठाकरे का, इसे लेकर मामला चुनाव आयोग में पहुँचा। चुनाव आयोग ने तय किया कि जिस गुट के पास ज्यादा सांसद व विधायकों के शपथ पत्र हैं, वही असली शिवसेना है और उसी को पार्टी का सिंबल भी आबंटित कर दिया गया। हालाँकि ठाकरे गुट ने इसे सुप्रीम कोर्ट में भी चैलेंज किया, लेकिन बात बनी नहीं।

शिवसेना के कद्दावर नेता एकनाथ शिंदे ने ठाकरे के खिलाफ बिगुल फूँक दिया और सांसदों व विधायकों के एक बड़े धड़े के साथ अलग हो गए। महाराष्ट्र में एक बार फिर बीजेपी व शिवसेना की सरकार बनी, लेकिन इस बार सी.एम. शिंदे बने और देवेंद्र फडणवीस डिप्टी सी.एम. की भूमिका में थे। इस सरकार में सब कुछ ठीक-ठाक चल रहा था।

एकनाथ शिंदे और देवेंद्र फडणवीस की सरकार में सब कुछ ठीक-ठाक चल रहा था, लेकिन इसमें एक ट्विस्ट उस समय आया, जब शरद पवार की पार्टी एन.सी.पी. में भी इसी प्रकार की बगावत हुई। लंबे समय से कुंठा का शिकार हो रहे उनके भतीजे और कई बार महाराष्ट्र के डिप्टी सी.एम. बन चुके अजीत पवार ने उनका साथ छोड़ दिया। शरद पवार द्वारा

अपनी बेटी और बारामती की सांसद सुप्रिया सुले को पार्टी की कमान सौंपने की संभावनाओं के बीच अजीत पवार ने बगावत कर दी। और सबसे खास बात यह है कि शरद पवार के सबसे विश्वसनीय माने जाने वाले प्रफुल्ल पटेल और छगन भुजबल जैसे नेताओं ने भी अजीत पवार का साथ दिया। ये सब कुछ इतनी खामोशी से हुआ कि किसी को कानोकान खबर नहीं हुई। अजीत पवार के सरकार जॉइन करने से पहले ही पार्टी के सांसदों व विधायकों के शपथ–पत्र चुनाव आयोग को सौंपे जा चुके थे। पार्टी के भीतर इतना सब कुछ चलता रहा, लेकिन शरद पवार को कानोकान खबर नहीं हुई! शिंदे की बगावत को लेकर तो घटनाक्रम कई दिन चला था। विधायकों को गुवाहाटी में एक होटल में रखा गया था, वो भी कई दिन तक, लेकिन एन.सी.पी. के मामले में तो सुबह पता चला कि बगावत हो गई है और दोपहर में अजीत पवार ने अपने कई विधायकों के साथ नई सरकार में शामिल होते हुए शपथ भी ले ली। एक बार फिर डिप्टी सी.एम. बन गए अजीत पवार।

चुनावी असर की बात करें तो अजीत पवार को सरकार में शामिल करना और एन.सी.पी. का दो फाड़ होना बीजेपी और शिवसेना गठबंधन के लिए घाटे का सौदा साबित हुआ। अजीत पवार गुट लोकप्रियता के पैमाने पर खरा नहीं उतरा। पाँच सीटों पर लोकसभा का चुनाव लड़े, लेकिन एक ही जीत पाए।

तोड़फोड़ और चुनावी परिणाम

चुनावी असर की बात करें तो अजीत पवार को सरकार में शामिल करना और एन.सी.पी. का दो फाड़ होना बीजेपी और शिवसेना गठबंधन के लिए घाटे का सौदा साबित हुआ। अजीत पवार गुट लोकप्रियता के पैमाने पर खरा नहीं उतरा। पाँच सीटों पर लोकसभा का चुनाव लड़े, लेकिन एक ही जीत पाए। अजीत पवार ने अपनी पत्नी सुनेत्रा पवार को चचेरी बहन सुप्रिया सुले के सामने बारामती से लड़वाया, लेकिन वह 1.58 लाख वोटों से हार

गई।

महाराष्ट्र में इस बार अजीबोगरीब स्थिति में चुनाव हो रहा था। यह तय करना कठिन था कि मतदाता क्या रुख लेगा? बीजेपी का स्ट्राइक रेट सबसे खराब रहा। 28 सीटों पर लड़ी और केवल 9 जीत पाई। यानी 32% का स्ट्राइक रेट। सबसे बढ़िया स्ट्राइक रेट शरद पवार की एन.सी.पी. का रहा। अजीत पवार गुट के पास पार्टी का सिंबल व नाम था, लेकिन 5 में से केवल एक ही सीट, रायगढ़ की, जीत पाए। यहाँ से सुनील तटकरे ने शिवसेना (उद्धव ठाकरे) के अनंत गीते को 82 हजार मतों से हराया। शरद पवार गुट (एन.सी.पी.-एस.पी.) 10 सीटों पर लड़ा और 8 जीतने में सफल रहा, साथ ही 80% का स्ट्राइक रेट हासिल किया। कांग्रेस को भी फायदा हुआ। 17 में से 13 सीटें जीतीं। शिवसेना (यू.बी.टी.) ने 21 में से 9 सीटों पर सफलता हासिल की। शिंदे गुट ने 15 सीटों पर चुनाव लड़ा और 7 सीटें जीतीं। शिंदे गुट ने ठाकरे गुट से बेहतर प्रदर्शन किया। चुनाव के बाद शिंदे ने दावा किया कि 'कांग्रेस के वोटों की मदद से ठाकरे के सांसद जीते हैं। शिवसेना का कोर वोटर हमारे साथ रहा।' शिंदे ने दावा किया कि ठाकरे गुट के प्रत्येक प्रत्याशी को 4.5 लाख वोट मिले, जबकि हमारे प्रत्याशियों को 4.9 लाख वोट औसतन मिले। हालाँकि ठाकरे गुट ने चुनौती भी दी कि अगर शिवसेना के पास चुनाव चिह्न और बाला साहेब ठाकरे का नाम नहीं होता तो शिंदे गुट को कुछ नहीं हाथ लगता। इन नतीजों से इतना तो साफ हो गया कि बीजेपी ऐसे दोराहे पर खड़ी है कि उसके लिए भविष्य में अपना सी.एम. बनाना इस राज्य में कठिन से कठिनतम होता नजर आ रहा है।

महाराष्ट्र में इस बार अजीबोगरीब स्थिति में चुनाव हो रहा था। यह तय करना कठिन था कि मतदाता क्या रुख लेगा? बीजेपी का स्ट्राइक रेट सबसे खराब रहा। 28 सीटों पर लड़ी और केवल 9 जीत पाई। यानी 32% का स्ट्राइक रेट।

महाराष्ट्र के परिणाम

कुल लोकसभा सीटें- 48

कांग्रेस–13

भारतीय जनता पार्टी–09

शिवसेना (ठाकरे)–09

एन.सी.पी. (शरद पवार)–08

शिवसेना (शिंदे)–07

एन.सी.पी. (अजीत पवार)–01

निर्दलीय–01

□

पश्चिम बंगाल, बिहार और झारखंड

देश के पूर्वी हिस्से की बात करें तो ये तीनों राज्य नरेंद्र मोदी और बीजेपी के लिए बहुत ही महत्त्व के थे। बंगाल में 2019 में 18 (42) लोकसभा सीटें जीतने के बाद बीजेपी ने विधानसभा चुनाव में भी कड़ी पकड़ बनाई थी और 77 विधायक जितवा लिये थे। नरेंद्र मोदी ने 400 पार का जो नारा दिया था, उसमें काफी हद तक उम्मीदें यू.पी., महाराष्ट्र और प. बंगाल पर ही टिकी थीं। पर ऐसा हुआ नहीं और बीजेपी 240 पर अटक गई।

पश्चिम बंगाल

सी.ए.ए., एन.आर.सी., यू.सी.सी., मुसलिम तुष्टीकरण, बांग्लादेशी घुसपैठ और ममता बनर्जी सरकार के नेताओं, विधायकों व मंत्रियों पर भ्रष्टाचार के आरोप, इनकी गूँज तीन साल पहले हुए विधानसभा चुनावों के समय से ही सुनने में आ रही थी। यहाँ यही मुद्दा था। बीजेपी लगातार टी.एम.सी. पर हमले कर रही थी और ममता सरकार को घेरने की कोशिश हो रही थी। 2019 के लोकसभा चुनाव से 2024 के चुनाव के बीच एक बदलाव यह आया कि टी.एम.सी. के कई बड़े नेता बीजेपी में आ गए। 2021 के विस चुनाव में टी.एम.सी. से बड़ी भगदड़ मची और दर्जनों नेताओं ने बीजेपी का दामन थाम लिया। लेकिन हकीकत बात यही है कि इनमें ज्यादातर लोग इस उम्मीद में आए थे कि शायद बीजेपी विधानसभा चुनाव में सरकार बनाने जा रही है, लेकिन ऐसा हुआ नहीं। बीजेपी तमाम कोशिशों के बाद भी विस चुनाव में 77 सीटें ही हासिल कर सकी। हालाँकि अमित शाह ने 200 पार का नारा

दिया था। विस चुनाव के नतीजों के बाद कई टी.एम.सी. नेता तो वापस भी लौट गए। केंद्रीय मंत्रिमंडल से हटाए जाने से नाराज बाबुल सुप्रियो ने भी टी.एम.सी. जॉइन कर ली और उपचुनाव में विधायक बन गए। विधानसभा चुनाव के समय जिस टी.एम.सी. नेता के बीजेपी में आने की बड़ी खबरें बनीं, वो थे सुवेंदु अधिकारी। ममता बनर्जी सरकार में मंत्री रहे थे और कभी दीदी के सबसे विश्वस्त लोगों में उनकी गिनती होती थी। अधिकारी परिवार में कई सांसद व विधायक रहे हैं और हैं भी। सुवेंदु को भावी सी.एम. के रूप में देखा जा रहा था और आज भी उन पर सबकी निगाहें हैं। अमित शाह ने उन्हें कुछ ऐसे ही तैयार किया है, जैसे असम में हिमंता बिस्वा सरमा को किया था। कुछ लोगों का तो यह भी मानना है कि अगर बीजेपी को 2026 में बंगाल में सरकार बनाने का मौका मिला तो सुवेंदु अधिकारी ही मुख्यमंत्री होंगे। हालाँकि टी.एम.सी. से आने वाले नेताओं की वजह से बीजेपी के अपने कैडर में भी असहज स्थिति बन रही थी। इसका परिणाम पहले विधानसभा चुनाव और फिर इस बार के लोकसभा चुनाव में भी देखने को मिला।

कुछ लोगों का तो यह भी मानना है कि अगर बीजेपी को 2026 में बंगाल में सरकार बनाने का मौका मिला तो सुवेंदु अधिकारी ही मुख्यमंत्री होंगे। हालाँकि टी.एम.सी. से आने वाले नेताओं की वजह से बीजेपी के अपने कैडर में भी असहज स्थिति बन रही थी

बंगाल के लोकसभा चुनाव के नतीजों का आकलन करने से पूर्व गत दो लोकसभा चुनावों पर भी नजर डालनी जरूरी है। 2009 में बंगाल की दार्जिलिंग लोकसभा सीट से बीजेपी के दिग्गज नेता, पूर्व केंद्रीय मंत्री और सैन्य अधिकारी रहे स्व. जसवंत सिंह ने अप्रत्याशित रूप से ढाई लाख मतों से जीत हासिल कर भगवा पार्टी का खाता इस मुसलिम आबादी के दबदबे वाले प्रांत में खोला था। 2014 में जब मोदी काल की शुरुआत हुई तो बीजेपी ने यहाँ दो सीटें जीतीं। दार्जिलिंग से एस.एस. अहलूवालिया और आसनसोल से बाबुल सुप्रियो जीते। देशव्यापी मोदी लहर के बावजूद ममता बनर्जी की टी.एम.सी. ने 42 में

से 34 सीटें जीतीं। कांग्रेस व लेफ्ट दलों के पतन की शुरुआत इसी चुनाव से हो चुकी थी। कांग्रेस व वाम दल केवल दो-दो सीटें जीत पाए। पर 2019 के लोकसभा चुनाव में जो हुआ, वह अप्रत्याशित था। बीजेपी ने 18 सीटें जीत लीं और टी.एम.सी. 22 पर रुक गई। कांग्रेस ने तो फिर भी दो सीटें बरकरार रखीं, लेकिन वाम दलों का सफाया हो गया। बीजेपी ने अपना वोट शेयर 22.2% बढ़ा लिया और 40.25% तक पहुँचा दिया। टी.एम.सी. को 43.27% मत मिले और आँकड़ों से साफ था कि लड़ाई काँटे की रही। इसी नतीजे के बाद अमित शाह ने दो सौ पार का नारा देते हुए विस चुनाव की तैयारी शुरू की थी, क्योंकि लोकसभा चुनाव के दो साल बाद ही विस चुनाव होने थे। ममता बनर्जी को लोकसभा चुनाव 2019 में बड़ा झटका लगा और उन्होंने राजनीतिक रणनीतिकार प्रशांत किशोर को अपने साथ जोड़ते हुए विस चुनाव की तैयारी शुरू कर दी। 2021 के विस चुनावों में टी.एम.सी. ने लगातार तीसरी बार सत्ता बरकरार रखी और बीजेपी को संदेश दिया कि ब्रिटिश साम्राज्य की राजधानी रहे कोलकाता जीतने के लिए उन्हें अभी और इंतजार करना होगा।

टी.एम.सी. को 43.27% मत मिले और आँकड़ों से साफ था कि लड़ाई काँटे की रही। इसी नतीजे के बाद अमित शाह ने दो सौ पार का नारा देते हुए विस चुनाव की तैयारी शुरू की थी, क्योंकि लोकसभा चुनाव के दो साल बाद ही विस चुनाव होने थे।

2024 के लोकसभा चुनाव में भी लड़ाई काँटे की रही। टी.एम.सी. ने 29, बीजेपी ने 12 और कांग्रेस ने एक सीट जीती। बंगाल में कांग्रेस के सबसे सीनियर नेता और कभी न हारने वाले अधीर रंजन चौधरी भी इस बार हार गए। इंडिया ब्लॉक की सदस्य होने के बावजूद ममता बनर्जी ने कांग्रेस और वाम दलों के लिए कोई सीट नहीं छोड़ी। यही नहीं, ममता के धुर विरोधी माने जाने वाले और टी.एम.सी. के साथ किसी भी समझौते के खिलाफ कांग्रेस हाईकमान के सामने झंडा उठाने वाले अधीर रंजन चौधरी को हराने के लिए ममता बनर्जी ने बहरामपुर से क्रिकेटर यूसुफ पठान को मैदान में उतार दिया।

चौधरी यहाँ से 1999 से लगातार जीत रहे थे। कांग्रेस ने केवल मालदा दक्षिण लोकसभा सीट जीती। बीजेपी के निशीथ प्रमाणिक (केंद्रीय गृह राज्य मंत्री), दिलीप घोष (पूर्व प्रदेश अध्यक्ष), लॉकेट चटर्जी, तपस राय, अर्जुन सिंह, सुभाष सरकार जैसे प्रमुख नेताओं को हार का सामना करना पड़ा। ममता बनर्जी ने चुनाव के दौरान एक ही फोकस रखा कि किसी भी तरह मुसलिम वोट खिसककर कांग्रेस या वाम दलों के पास न चले जाएँ और वे अपने इस मकसद में एकदम कामयाब रहीं।

ममता बनर्जी की पहली प्रतिक्रिया थी—'बहुत से लोगों ने मुझे कम करके आँका। मैंने जब एग्जिट पोल्स के नतीजे देखे तो मैंने स्वयं से पूछा कि क्या मेरा आत्मविश्वास डगमगा रहा है? मैं दो महीने से लगातार सड़कों पर थी, इतने सालों से राजनीति कर रही हूँ, लेकिन एग्जिट पोल्स के नतीजों को लोगों की आँखों में क्यों नहीं देख पाई?' ममता समझ गई थीं कि अगर वे इंडिया ब्लॉक के सदस्यों के लिए सीटें छोड़ेंगी तो बीजेपी को फायदा होगा। इसलिए उन्होंने एकला चलो की राह पकड़ी। टी.एम.सी. की 29 में से 11 (38%) महिला सांसद बनीं, जो किसी भी पार्टी के लिए सबसे ज्यादा हैं। 2021 के विधानसभा चुनाव में सुवेंदु अधिकारी भारतीय जनता पार्टी के पोस्टर बॉय बने हुए थे तो लोकसभा चुनाव के नतीजों के बाद बीजेपी नेताओं ने अधिकारी पर ही उँगलियाँ उठाईं। पूर्व प्रदेश अध्यक्ष दिलीप घोष, जो मिदनापुर से टी.एम.सी. के कीर्ति आजाद से हारे, ने पार्टी में भितरघात व षड्यंत्र के आरोप लगाए। बीजेपी का वोट शेयर भी 1.5% प्रतिशत कम हुआ।

बीजेपी ने संदेशखाली की घटना को लेकर काफी शोर-शराबा किया, लेकिन यह पूरे प्रदेश का मुद्दा नहीं बन पाया। बीजेपी ने संदेशखाली प्रकरण से ही जुड़ी एक महिला रेखा पात्रा को टिकट भी दिया, लेकिन बात नहीं बनी। संदेशखाली विस सीट बशीरहाट लोकसभा सीट का हिस्सा है। रेखा पात्रा के सामने टी.एम.सी. ने हाजी नुरुल इसलाम को टिकट दिया था। वे 3.33 लाख वोट से जीते, लेकिन संदेशखाली विस क्षेत्र में रेखा पात्रा 95,862 वोट हासिल करने में सफल रही। संदेशखाली में इसलाम 8,387 वोटों से हार गए। चुनाव के नतीजे बताते हैं कि संदेशखाली का मुद्दा बड़ा तो था, लेकिन स्थानीय

लोगों के लिए। पूरे लोकसभा क्षेत्र में मुसलिम मतदाता इस कांड के मुख्य आरोपी व टी.एम.सी. नेता शाहजहाँ शेख के समर्थन में टी.एम.सी. प्रत्याशी के लिए वोटिंग करता नजर आया।

हालाँकि बीजेपी के प्रदेश अध्यक्ष सुकांत मजूमदार ने राज्य में हुई हार की नैतिक जिम्मेदारी ली, लेकिन सुकांत को केंद्रीय मंत्रिमंडल में शामिल भी किया गया। वे अपना चुनाव बालुरघाट से जीतने में सफल रहे थे। बंगाल के नतीजे बीजेपी के लिए एक शोध का विषय भी हैं कि कहाँ पर गलती हुई और इस राज्य में जीतने के लिए उसे क्या करना होगा। वैसे ममता बनर्जी को भी वामदलों का राज खत्म करने के लिए लगभग डेढ़ दशक तक संघर्ष करना पड़ा था। बंगाल के नतीजों ने साफ संकेत दे दिया कि आने वाले समय में यहाँ लड़ाई टी.एम. सी. व बीजेपी के बीच ही रहने वाली है। वामदल पूरी तरह साफ हो गए और कांग्रेस अप्रासंगिक हो गई।

बंगाल के नतीजे बीजेपी के लिए एक शोध का विषय भी हैं कि कहाँ पर गलती हुई और इस राज्य में जीतने के लिए उसे क्या करना होगा। वैसे ममता बनर्जी को भी वामदलों का राज खत्म करने के लिए लगभग डेढ़ दशक तक संघर्ष करना पड़ा था।

बिहार

लोकसभा चुनाव 2024 में बिहार की भूमिका को कतई नहीं भुलाया जा सकेगा। मुख्यमंत्री नीतीश कुमार ने ही पटना में I.N.D.I.A. (Indian National Developmental Inclusive Alliance) ब्लॉक की पहली बैठक आयोजित की थी। हालाँकि 25 सितंबर, 2022 को हरियाणा के फतेहाबाद में इंडियन नेशनल लोकदल के नेता ओम प्रकाश चौटाला ने अपने पिता दिग्गज जाट नेता व पूर्व डिप्टी प्राइम मिनिस्टर स्व. देवीलाल की जयंती के मौके पर एक रैली का आयोजन करके विपक्षी एकता की नींव रखने की कोशिश की थी, लेकिन इसे मूर्त रूप दिया नीतीश कुमार ने। 23 जून, 2023 को नीतीश कुमार ने पटना में विपक्ष की एक बड़ी बैठक आयोजित करके

बीजेपी के खिलाफ मोर्चा खोला। इस समय तक बिहार में जे.डी.यू., आर.जे. डी. और कांग्रेस की मिली-जुली सरकार चल रही थी। हालाँकि नीतीश ने एन.डी.ए. के साथ मिलकर विस चुनाव जीते थे, लेकिन एक साल बाद ही लालू के बेटे तेजस्वी के साथ मिलकर सरकार बना ली थी, हालाँकि डिप्टी सी.एम. के रूप में लालू के बेटे तेजस्वी यादव के साथ उनका तालमेल सही नहीं बैठ पा रहा था। तेजस्वी कई बार कह चुके थे कि आप राष्ट्रीय राजनीति में जाइए, बिहार हमें सौंप दीजिए।

नीतीश की चिंता थी कि आगे की राजनीति कैसे की जाए? एन.डी.ए. के साथ रहेंगे तो मोदी के रहते पी.एम. तो नहीं बन सकते। उन्हें लगा कि विपक्ष के पास कोई चेहरा पी.एम. पद के लिए है नहीं। इसके अलावा ममता बनर्जी राहुल गांधी को पसंद नहीं करतीं। राहुल को लेकर विपक्ष के कई और नेता भी एकराय नहीं थे। ऐसे में नीतीश को लगा कि विपक्षी एकता की शुरुआत वे करते हैं तो उन्हें बड़ी जिम्मेदारी मिल सकती है। नीतीश के मन में था कि विपक्षी धड़े के संयोजक या चेयरमैन का पद उन्हें मिल गया तो प्रधानमंत्री बनने की संभावनाएँ बन सकती हैं।

विपक्ष की दूसरी बैठक 17-18 जुलाई, 2023 को बेंगलुरु में बुलाई गई। कर्नाटक में कांग्रेस की नई-नई सरकार बनी थी और राहुल गांधी और उनके सलाहकारों ने बैठक की मेजबानी करने की पेशकश की। इस बैठक के बाद विपक्षी एकता की कमान कांग्रेस के हाथों में आ गई। यहाँ सोनिया गांधी ने ममता बनर्जी के मुँह से विपक्षी मोर्चे का नामकरण 'इंडिया' करा दिया। इस बैठक में नीतीश कुमार पूरी तरह से बिफर गए। पटना और बेंगलुरु की बैठकों में लालू प्रसाद यादव का राहुल गांधी के प्रति लगाव नीतीश को कतई नहीं भाया और उन्होंने बिहार में एन.डी.ए. के साथ जाने का मन बना लिया।

बिहार की राजनीति में चिराग पासवान की भूमिका पर भी जरूर बात होगी। 2020 के विधानसभा चुनाव में चिराग ने एन.डी.ए. से अलग होकर चुनाव लड़ा था। उन्होंने उन सभी सीटों पर अपने प्रत्याशी उतारे थे, जहाँ जे.डी.यू. के प्रत्याशी थे। जहाँ बीजेपी के उम्मीदवार थे, वहाँ चिराग की पार्टी लोकजनशक्ति पार्टी के उम्मीदवार नहीं थे। पिता रामविलास पासवान के

निधन के बाद से चिराग को परिवार में भी अलगाव का सामना करना पड़ा था। उनकी पार्टी के पाँच सांसदों ने बगावत करके एन.डी.ए. में शिरकत कर ली थी। उनके चाचा पशुपति पारस तो केंद्र में मंत्री भी बन गए थे। इसके बावजूद चिराग पासवान ने कभी नरेंद्र मोदी के बारे में या बीजेपी के नेताओं के बारे में अपशब्द नहीं कहे। वे हमेशा खुद को नरेंद्र मोदी का हनुमान भी कहते रहे। कुछ लोगों का तो यह भी कहना है कि नीतीश को कमजोर करने के लिए ही बीजेपी और चिराग ने विधानसभा चुनाव में फ्रेंडली फाइट की थी। अलबत्ता लोकसभा चुनाव से पहले चिराग की एक बार फिर एन.डी.ए. में वापसी हुई।

कुछ लोगों का तो यह भी कहना है कि नीतीश को कमजोर करने के लिए ही बीजेपी और चिराग ने विधानसभा चुनाव में फ्रेंडली फाइट की थी। अलबत्ता लोकसभा चुनाव से पहले चिराग की एक बार फिर एन.डी.ए. में वापसी हुई।

बिहार में एन.डी.ए. ने 2019 के चुनाव में 40 में से 39 सीटें जीती थीं, लेकिन 2024 के चुनाव से कुछ समय पहले नीतीश का कुछ समय के लिए महागठबंधन में चले जाने का असर इस बार के नतीजों पर पड़ा। एन.डी.ए. को 30 लोकसभा सीटें मिलीं। जे.डी.यू. व बीजेपी 12-12 सीटें जीतीं। लोकजनशक्ति पार्टी (रामविलास) पाँच, राजद चार, कांग्रेस तीन, सी.पी. आई.एम.एल. दो, हम (जीतनराम माँझी) व निर्दलीय एक-एक सीट पर जीते। निर्दलीय की बात करें तो पूर्णिया से पप्पू यादव जीते। पप्पू चुनाव से पहले कांग्रेस में आ गए थे, लेकिन लालू ने उनका टिकट नहीं होने दिया। इसलिए वे निर्दलीय ही मैदान में उतर गए। वे न केवल जीते, बल्कि लालू की पार्टी की प्रत्याशी बीमा भारती को तीसरे स्थान पर धकेल दिया। उन्होंने जे.डी. यू. के संतोष कुमार को 23847 वोटों से हराया।

जातीय जनगणना का मुद्दा बिहार से ही शुरू हुआ और बिहार में ही खत्म हो गया। नीतीश ने यहाँ जातीय जनगणना कराई थी और उसमें कई चौंकाने वाले तथ्य भी आए थे। इन आँकड़ों के बाद तेजस्वी यादव और उनके

समर्थक नीतीश से सी.एम. की कुरसी छोड़ने के लिए भी कहने लगे थे। इसी वजह से नीतीश ने इंडिया ब्लॉक से खुद को अलग कर लिया। पी.एम. बनने के चक्कर में कहीं सी.एम. की कुरसी से भी हाथ न धोना पड़े, यही सोचकर नीतीश ने एक बार फिर नरेंद्र मोदी से हाथ मिला लिया। इस नतीजे ने यह भी साबित कर दिया कि नीतीश अभी भी बिहार की राजनीति की धुरी बने हुए हैं। बीजेपी ने तो कह भी दिया कि वे 2025 का विस चुनाव नीतीश के नेतृत्व में ही लड़ेंगे। लालू ने इस चुनाव में तेजस्वी यादव को बिहार के सबसे बड़े नेता के रूप में स्थापित करने की कोशिश जरूर की, लेकिन वे कामयाब नहीं हो सके। लालू ने सिंगापुर में अपनी किडनी बदलवाई थी। विदेश में रहने वाली बेटी रोहिणी आचार्य ने अपनी किडनी देकर पिता की जान बचाई थी। लालू ने बेटी का यह कर्ज चुकाने के लिए उन्हें सारण लोकसभा सीट से टिकट भी दिया, लेकिन बीजेपी के दिग्गज नेता राजीव प्रताप रूडी ने उन्हें हरा दिया और रोहिणी फिर सिंगापुर लौट गई। अलबत्ता लालू की बड़ी बेटी मीसा भारती जरूर पाटलिपुत्र से इस बार जीतने में सफल रही। राष्ट्रीय जनता दल केवल पाटलिपुत्र, बक्सर, जहानाबाद और औरंगाबाद सीटें जीत पाई। बीजेपी की बिहार में लोकसभा सीटें तीन चुनावों में लगातार घटी हैं। 2014 में 22 सीटें मिली थीं तो 2019 में 17, और इस बार यह आँकड़ा 12 पर ही आ गया। प्रदेश में विधानसभा चुनाव में सबसे बड़ी पार्टी होने के बावजूद बीजेपी यहाँ अपना अपेक्षित दबदबा नहीं बना पाई है। इसके लिए काफी हद तक नेतृत्व का अभाव भी जिम्मेदार है। गिरिराज सिंह, नित्यानंद राय जैसे नेतृत्व केंद्रीय राजनीति में ले लिये गए हैं, जबकि रविशंकर प्रसाद जैसे नेताओं को साइडलाइन कर दिया गया है।

राष्ट्रीय जनता दल केवल पाटलिपुत्र, बक्सर, जहानाबाद और औरंगाबाद सीटें जीत पाई। बीजेपी की बिहार में लोकसभा सीटें तीन चुनावों में लगातार घटी हैं। 2014 में 22 सीटें मिली थीं तो 2019 में 17, और इस बार यह आँकड़ा 12 पर ही आ गया।

झारखंड

सत्ता में न होने के बाद भी यह आदिवासी बहुल राज्य भाजपा के लिए मजबूत राज्य के रूप में उभरा है। यहाँ की 14 में से 8 सीटें जीतना भाजपा के लिए सकारात्मक संकेत देता है, क्योंकि यहाँ कुछ ही माह बाद विस के चुनाव भी होने हैं। झारखंड के मुख्यमंत्री हेमंत सोरेन को ई.डी. ने चुनाव के समय गिरफ्तार कर लिया था, लेकिन इसके बाद भी बीजेपी को यहाँ कोई नुकसान होता हुआ नजर नहीं आया। हालाँकि झारखंड मुक्ति मोर्चा (जे.एम.एम.—हेमंत सोरेन व उनके पिता शिबू सोरेन की पार्टी) यहाँ कांग्रेस के साथ मिलकर सरकार चला रही है इसके बावजूद दोनों मिलकर पाँच सीटें ही जीत पाए। एक सीट बीजेपी की सहयोगी ए.जे.एस.यू.पी. को मिली। इस तरह एन.डी.ए. ने 14 में से 9 सीटें जीतीं। हालाँकि 2019 में एन.डी.ए. ने 12 सीटें जीतीं और जे.एम.एम. व कांग्रेस को एक-एक सीट मिली थी, लेकिन इसके बावजूद बीजेपी के लिहाज से यह प्रदर्शन कमजोर नहीं आँका जा सकता। अलबत्ता वोट शेयर में बीजेपी को 6.5% का नुकसान हुआ, जो उसके लिए चिंता की बात जरूर है। हेमंत सोरेन की गिरफ्तारी का असर इतना जरूर हुआ कि इसे आदिवासी समुदाय ने अपने खिलाफ काररवाई माना और इसलिए यहाँ की पाँच सीटें (राजमहल, दुमका, सिंघभूम, खूँटी, लोहरदगा), जो आदिवासियों के लिए आरक्षित हैं, ये सब इंडिया ब्लॉक के पास गईं। हेमंत सोरेन की भाभी सीता सोरेन, जो उनके जेल में जाने के बाद चंपई सोरेन को सी.एम. बनाए जाने से नाराज थीं, ने बीजेपी के टिकट पर दुमका से चुनाव लड़ा, लेकिन वे 22 हजार मतों से हार गईं। कांग्रेस ने यहाँ सात, जे.एम.एम. ने पाँच सीटों पर और सी.पी.आई.एम.एल. और राजद ने एक-एक लोकसभा सीट पर चुनाव लड़ा था। बीजेपी ने गिरिडीह सीट को अपनी गठबंधन साथी ए.जे.एस.यू. (ऑल झारखंड स्टूडेंट यूनियन) के लिए छोड़ा था।

□

पंजाब : अलगाववाद का धुआँ

लोकसभा चुनाव से लगभग दो साल पहले पंजाब के विधानसभा चुनाव हुए। ये चुनाव पिछले कई दशक के सबसे ज्यादा चौंकाने वाले नतीजे देकर गए। स्थापना के समय से ही अरविंद केजरीवाल की आम आदमी पार्टी पंजाब की एक लोकप्रिय पार्टी बन चुकी थी। पहली बार मैदान में उतरी आप के 2014 लोकसभा चुनाव में इसके चार सांसद जीतकर आए, लेकिन 2019 के लोकसभा चुनाव में यह केवल एक सीट तक ही सीमित रह गई। भगवंत मान (संगरूर) जरूर लगातार दूसरी बार सांसद बन गए। उनकी इस क्षेत्र में बतौर कॉमेडियन लोकप्रियता थी और उसी का लाभ उनको मिला।

कांग्रेस की बरबादी की दास्ताँ

2022 के विधानसभा चुनाव से पहले पंजाब की राजनीति ने एक बड़ी करवट ली। कांग्रेस के भीतर मुख्यमंत्री कैप्टन अमरिंदर सिंह और पंजाब प्रदेश अध्यक्ष नवजोत सिंह सिद्धू की आपसी खींचतान ने बहुत ही खराब स्थिति में सरकार को ला दिया। मुख्यमंत्री के किसी भी फैसले का विरोध जब पार्टी का अध्यक्ष ही करने लगे तो फिर कैसे बात बने? पहले सिद्धू ने कैप्टन समर्थक सुनील जाखड़ को अध्यक्ष पद से हटवाया और फिर कैप्टन की भी कुरसी ले ली। राहुल और प्रियंका गांधी की करीबी का फायदा उठाकर नवजोत सिंह सिद्धू ने विधानसभा चुनाव से छह महीने पहले जमकर मनमानी की। हाईकमान द्वारा कैप्टन को दिल्ली में बुलाकर बार-बार अपमानित किया

गया। अंबिका सोनी जैसी नेताओं ने पंजाब के प्रभारी हरीश रावत के साथ मिलीभगत करके कैप्टन अमरिंदर सिंह को सी.एम. की कुरसी से हटवाया। सिद्धू सी.एम. बनने का ख्वाब देख रहे थे, लेकिन राहुल गांधी ने चरणजीत सिंह चन्नी को सी.एम. बनाने का ऐलान एक भरी सभा में कर उन्हें झटका दे दिया।

पंजाब देश का एकमात्र ऐसा राज्य है, जहाँ पर दलित आबादी 32% है। 117 में से 34 विधानसभा सीटें अनुसूचित जाति के लिए आरक्षित हैं। चन्नी दलित समाज से आते हैं और राहुल गांधी को बताया गया कि इससे दलित मतदाता प्रभावित होकर कांग्रेस की ओर लौटेगा, लेकिन ऐसा हुआ नहीं। चन्नी एक नाकाम व कमजोर सी.एम. साबित हुए। चंद महीनों के मुख्यमंत्रित्व काल में ही उनके ऊपर भ्रष्टाचार के गंभीर आरोप लगने लगे। उनके कुछ रिश्तेदार भी अवांछनीय हरकतों में लिप्त पाए गए।

पंजाब देश का एकमात्र ऐसा राज्य है, जहाँ पर दलित आबादी 32% है। 117 में से 34 विधानसभा सीटें अनुसूचित जाति के लिए आरक्षित हैं। चन्नी दलित समाज से आते हैं और राहुल गांधी को बताया गया कि इससे दलित मतदाता प्रभावित होकर कांग्रेस की ओर लौटेगा, लेकिन ऐसा हुआ नहीं।

जबरन कुरसी से हटाए जाने से निराश कैप्टन अमरिंदर सिंह ने 'पंजाब लोक कांग्रेस' नाम से एक पार्टी बना ली। सुनील जाखड़ को कैप्टन का करीबी माना जाता था। सुनील जाखड़ ने कांग्रेस छोड़कर बीजेपी जॉइन कर ली। पार्टी छोड़ते समय जाखड़ ने एक वीडियो संदेश जारी कर अंबिका सोनी को 'दिल्ली में बैठी आंटी' कहकर संबोधित किया। सुनील जाखड़ को बहुत जल्द ही बीजेपी में प्रदेश अध्यक्ष भी बना दिया गया। पर ये सब तो पंजाब के 2022 के विधानसभा चुनावों के बाद हुआ। विधानसभा चुनाव में आम आदमी पार्टी ने प्रचंड बहुमत के साथ सरकार बनाई। 117 में से 92 सीटें जीतकर आम आदमी पार्टी ने इतिहास रच दिया। राहुल गांधी को चन्नी रूपी दलित कार्ड से बड़ी उम्मीद

थी, लेकिन आम आदमी पार्टी ने 34 आरक्षित सीटों में से 28 सीटें जीतकर यह साबित कर दिया कि राहुल गांधी की पंजाब को लेकर रणनीति पूरी तरह से विफल थी। मुख्यमंत्री चरणजीत चन्नी भी चुनाव हार गए। नवजोत सिंह सिद्धू ने तो इन नतीजों के बाद जैसे राजनीति से मुँह ही मोड़ लिया और क्रिकेट कमेंट्री की ओर वापस लौट गए।

केजरीवाल की राजनीति

माना जाता है कि पंजाब में अरविंद केजरीवाल ने भरे मन से भगवंत सिंह मान को मुख्यमंत्री बनवाया था। हालाँकि केजरीवाल के करीबी दोस्त, जिनमें कवि कुमार विश्वास भी शामिल हैं, यह कहते रहे हैं कि केजरीवाल का सपना तो एक अलग पंजाब का पी.एम. बनने का रहा है, जो भारत का हिस्सा न हो। बहरहाल दो राज्यों के मुख्यमंत्री बनने की अनुमति हमारे देश का संविधान नहीं देता है अन्यथा केजरीवाल शायद ये भी कर सकते थे। उन्होंने भगवंत मान को सी.एम. की कुरसी तो सौंप दी, लेकिन राघव चड्ढा के रूप में अपना एक चौकीदार भी पंजाब में छोड़ दिया। राघव चड्ढा दिल्ली की राजेंद्र नगर विस सीट से एम.एल.ए. थे, लेकिन उनको पंजाब के कोटे से राज्यसभा में मनोनीत कराया गया। कहा तो यह भी जाने लगा कि राघव चड्ढा ही वहाँ की सरकार चला रहे हैं। इस बीच राघव चड्ढा ने फिल्म अभिनेत्री परिणीति चोपड़ा से शादी भी की, जिसका एक कार्यक्रम दिल्ली स्थित पंजाब सरकार के नियंत्रण वाले कपूरथला हाउस में आयोजित किया गया। इसे लेकर बहुत से सवाल भी उठाए गए कि सरकारी भवन का निजी कार्यक्रम में इस्तेमाल किया जा रहा है।

इतने बड़े बहुमत के साथ पंजाब में सरकार बनाने वाली आम आदमी पार्टी की सरकार बहुत ही लचर तरीके से चली। दिल्ली की सीमाओं पर 2020-2021 में चले किसान आंदोलन के समय आम आदमी पार्टी और कनाडा में बैठी खालिस्तान समर्थक ताकतों का सामंजस्य बना और इन्हीं ताकतों ने आम आदमी पार्टी को विधानसभा चुनाव में पूरी तरह से समर्थन भी दिया। यही वजह थी कि भगवंत मान की सरकार बनते ही ये अलगाववादी

ताकतें फिर से पंजाब में सिर उठाने लगीं। मान सरकार के बनते ही पंजाब पुलिस के आतंकवाद विरोधी दस्ते के दफ्तर पर एक हमला भी किया गया। यही नहीं, 'वारिस पंजाब दे' नामक एक चर्चित संगठन ने तो अजनाला पुलिस थाने पर हमला बोलकर अपने तीन समर्थकों को पुलिस के चंगुल से छुड़ा लिया। हजारों की भीड़ पुलिस थाने पर पहुँची और वहाँ अधिकारियों की मौजूदगी में इस संगठन के सरगना अमृतपाल सिंह ने अपने तीन साथियों को छुड़ा लिया। ये किसी मारपीट के मामले में पुलिस द्वारा उठाए गए थे। फरवरी 2023 में हुई इस घटना ने पूरे सरकारी तंत्र को चौंका दिया। पंजाब पुलिस को लगा कि ये तो सरासर उनका अपमान है। केंद्रीय गृह मंत्रालय ने भी इस घटना का संज्ञान लिया और भगवंत मान को गृह मंत्री अमित शाह ने दिल्ली भी तलब किया। शाह ने उनसे इस मामले में सख्त एक्शन लेने को कहा और साथ ही खुफिया एजेंसियों को भी सक्रिय किया। लगभग दो महीने तक अमृतपाल सिंह पंजाब पुलिस को चकमा देता रहा। खबरें तो यहाँ तक भी आने लगीं कि हताश पंजाब पुलिस ने अमृतपाल को सरेंडर करने की ऑफर तक दी है, पर भगोड़े अमृतपाल ने शर्त रखी कि वह सरेंडर करेगा तो अमृतसर के स्वर्ण मंदिर में करेगा। पुलिस को यह मंजूर नहीं था। दरअसल अस्सी के दशक में चर्चित हुए खालिस्तानी आतंकी भिंडरावाला को अमृतपाल अपना आदर्श मानता है और उसी की तरह चर्चित होने का स्वप्न उसने पाला हुआ है। भिंडरवाला भी ऑपरेशन ब्लू स्टार से पहले अपनी सारी गतिविधियाँ स्वर्ण मंदिर से संचालित करने लगा था। पंजाब पुलिस फिर से एक नया भिंडरावाला नहीं पालना चाहती थी। अंत में अप्रैल 2023 में अमृतपाल सिंह पुलिस के हत्थे चढ़ गया। उस पर एन.एस.ए. लगाई

लगभग दो महीने तक अमृतपाल सिंह पंजाब पुलिस को चकमा देता रहा। खबरें तो यहाँ तक भी आने लगीं कि हताश पंजाब पुलिस ने अमृतपाल को सरेंडर करने की ऑफर तक दी है, पर भगोड़े अमृतपाल ने शर्त रखी कि वह सरेंडर करेगा तो अमृतसर के स्वर्ण मंदिर में करेगा। पुलिस को यह मंजूर नहीं था।

गई और असम की डिब्रूगढ़ जेल में उसे बंद किया गया। बाद में उसकी एन.एस.ए. की हिरासत अवधि अप्रैल 2025 तक के लिए पंजाब सरकार ने बढ़ा दी।

इस घटना ने पंजाब की राजनीति पर बड़ी गहरी छाप छोड़ी। आम आदमी पार्टी के माध्यम से अपनी अलगाववादी सोच को आगे बढ़ाने का ख्वाब देखने वाले खालिस्तानी समर्थकों ने भगवंत मान सरकार के खिलाफ मोर्चा खोलना शुरू कर दिया। लोकसभा चुनाव में असम की जेल में बंद अमृतपाल सिंह ने खडूर साहिब लोकसभा सीट से निर्दलीय चुनाव लड़ा और जीत भी लिया। उसने कांग्रेस के कुलबीर सिंह जीरा को 1.97 लाख वोटों से हरा दिया। यहाँ आम आदमी पार्टी के प्रत्याशी ललजीत सिंह भुल्लर को तीसरे स्थान से संतोष करना पड़ा। लोकसभा चुनाव 2024 में पंजाब की 13 सीटों में से सबसे ज्यादा सात सीटें कांग्रेस ने जीतीं। आम आदमी पार्टी को केवल तीन सीटें (होशियारपुर, आनंदपुर साहिब और संगरूर) मिलीं। वैसे भगवंत मान ने दिल्ली की तरह यहाँ कांग्रेस से समझौता नहीं होने दिया था। मान को भरोसा था कि विधानसभा चुनाव की तरह उन्हें लोकसभा चुनाव में भी अपार समर्थन मिलेगा।

लोकसभा चुनाव में असम की जेल में बंद अमृतपाल सिंह ने खडूर साहिब लोकसभा सीट से निर्दलीय चुनाव लड़ा और जीत भी लिया। उसने कांग्रेस के कुलबीर सिंह जीरा को 1.97 लाख वोटों से हरा दिया। यहाँ आम आदमी पार्टी के प्रत्याशी ललजीत सिंह भुल्लर को तीसरे स्थान से संतोष करना पड़ा।

पंजाब में इस बार का लोकसभा चुनाव कुछ उसी प्रकार लड़ा गया, जिस प्रकार महाराष्ट्र में। कई-कई पार्टियाँ मैदान में थीं। कृषि कानूनों के मुद्दे पर अकाली और भाजपा 2020 में ही अलग हो चुके थे। आम आदमी पार्टी और कांग्रेस भी अलग-अलग चुनाव लड़ रहे थे, यानी एक सीट पर कम-से-कम चार प्रमुख प्रत्याशी तो ताल ठोक ही रहे थे। लोकसभा चुनाव से पहले कैप्टन अमरिंदर सिंह ने भी अपनी पार्टी को भाजपा में मिला दिया।

उनका एकमात्र लक्ष्य था कि किसी प्रकार अपनी पारिवारिक सीट पटियाला, जहाँ से उनकी पत्नी परनीत कौर 2019 में कांग्रेस की सांसद थीं, को वे बचा सकें। उन्होंने परनीत कौर को बीजेपी के टिकट पर लड़ाने के लिए अपनी पार्टी का बीजेपी में विलय कर दिया, लेकिन ये दाँव सफल नहीं रहा। पंजाब में मतदाता बिल्कुल अलग तरीके से वोटिंग कर रहा था। पटियाला से कांग्रेस का ही सांसद बना। परनीत कौर तीसरे स्थान पर खिसक गईं। पटियाला से डॉ. धर्मवीर गांधी जीते। गांधी ने 2014 में आम आदमी पार्टी के टिकट पर भी यहाँ से चुनाव जीता था।

खडूर साहिब के अलावा फरीदकोट (सुरक्षित) लोकसभा सीट के नतीजे का जिक्र करना भी बहुत ही जरूरी है। यहाँ से एक निर्दलीय प्रत्याशी ने सभी राजनीतिक दलों को पानी पिला दिया। यह निर्दलीय प्रत्याशी था सरबजीत सिंह खालसा। इंदिरा गांधी के दो हत्यारों में से एक बेअंत सिंह का बेटा। यहाँ पर आम आदमी पार्टी, कांग्रेस, अकाली दल और भाजपा क्रमशः दूसरे, तीसरे, चौथे व पाँचवें स्थान पर रही। बीजेपी ने दिल्ली की एकमात्र आरक्षित लोकसभा सीट से 2019 में सांसद चुने गए हंसराज हंस को यहाँ चुनाव लड़ने भेजा था, लेकिन वे कहीं मैदान में ही नजर नहीं आए। खडूर साहिब से सांसद बने अमृतपाल ने जब जेल से पैरोल पर आकर सांसद के तौर पर शपथ ग्रहण की तो उसने यह भी कहा कि खालसा राज का सपना देखना कोई गुनाह नहीं। हालाँकि उसके परिजन और खासतौर से माँ मीडिया के सामने यह कहती रही कि उसका बेटा खालिस्तान समर्थक नहीं है। लोकसभा चुनाव के नतीजों ने साफ संकेत दे दिया कि पंजाब बहुत ही खतरनाक राह पर चल निकला है। अस्सी के दशक में यहाँ पनपा सिख आतंकवाद फिर से सिर उठा सकता है।

□

जिसकी दिल्ली, उसका देश

कहा जाता है कि देश की राजधानी दिल्ली पूरे देश का दर्पण है। जो यहाँ जीत हासिल करता है, वो ही देश में सरकार भी बनाता है। पिछले चार लोकसभा चुनावों में दिल्ली ने स्पष्ट जनादेश दिया है। सातों सीटें उसी पार्टी को दी हैं, जिसने केंद्र में सरकार बनाई है।

यहाँ 2004 के लोकसभा चुनावों का उल्लेख करना जरूरी है। अटल बिहारी वाजपेयी की एन.डी.ए. सरकार केंद्र से बेदखल हुई थी और यू.पी.ए. की सरकार बनी, लेकिन कांग्रेस दिल्ली की सातों सीटें नहीं जीत पाई थी। दक्षिणी दिल्ली लोकसभा सीट से बीजेपी के दिग्गज नेता विजय कुमार मल्होत्रा जीतने में सफल रहे थे, पर बाकी छह सीटें कांग्रेस के हिस्से आई थीं। दिल्ली में शीला दीक्षित की सरकार थी। उनके विकास कार्यों के दम पर कांग्रेस की गाड़ी यहाँ सरपट दौड़ रही थी। 2009 में कांग्रेस ने इस एक सीट को भी जीत लिया। कांग्रेस ने दिल्ली में 57.11% वोट हासिल किए। बीजेपी 35.23% वोट पर सीमित रही। हालाँकि बीजेपी ने दिल्ली में अपना वोट प्रतिशत लगभग हमेशा बरकरार रखा। इस समय तक दिल्ली की राजनीति में आम आदमी पार्टी का दखल भी नहीं था। 2014 के लोकसभा चुनाव में पहली बार आम आदमी पार्टी मैदान में उतरी, लेकिन लगातार तीन लोकसभा चुनाव में खाता खोलने में विफल रही है। एक धारणा बनी कि कांग्रेस और आम आदमी पार्टी के बीच में मतदाता बँट गए हैं। दोनों के वोटर बँट जाने के कारण बीजेपी को फायदा हो रहा है, लेकिन 2024 के लोकसभा चुनाव में वह हुआ, जो शायद किसी ने उम्मीद भी नहीं की थी।

कांग्रेस और आम आदमी पार्टी ने बीजेपी को हराने के लिए इंडिया ब्लॉक के बैनर तले सीट शेयरिंग करके चुनाव लड़ा। आम आदमी पार्टी ने चार और कांग्रेस ने तीन लोकसभा सीटों पर प्रत्याशी उतारे, लेकिन नतीजा वही रहा। सातों सीटों पर बीजेपी ने जीत हासिल की। बीजेपी ने 54.35% वोट पाए, जबकि आम आदमी पार्टी 24.17% और कांग्रेस 18.91% पर अटक गए। दोनों मिलाकर भी बीजेपी के आसपास नहीं पहुँच पाए। दिल्ली का चुनाव इंडिया ब्लॉक के लिए एक बड़ा सबक भी था। यह संदेश था कि राजनीतिक दल जिस तरह जोड़-तोड़, गुणा-भाग की राजनीति करते हैं, मतदाता उस तरह से नहीं सोचता। दिल्ली की जनता इसलिए भी बेजोड़ कही जा सकती है कि आम आदमी पार्टी गठन के बाद से ही यहाँ विधानसभा चुनावों में नंबर वन पार्टी रही और अरविंद केजरीवाल लगातार मुख्यमंत्री बने रहे। एक बार कांग्रेस के समर्थन से तो उसके बाद अपने दम पर और बहुत बड़े बहुमत के साथ आम आदमी पार्टी सरकार बनाती रही। दिल्ली में भारतीय जनता पार्टी ने विधानसभा चुनावों में आम आदमी पार्टी को रोकने के लिए नेतृत्व परिवर्तन पर जोर रखा, लेकिन बात बन नहीं पाई। 2015 में किरण बेदी के रूप में सी.एम. फेस को जनता के सामने रखकर चुनााव लड़ा, लेकिन आम आदमी पार्टी ने 70 में से 67 सीटें जीतीं। इसके बाद बीजेपी ने मनोज तिवारी को प्रदेश अध्यक्ष बनाकर पूर्वांचली मतों के दम पर दिल्ली जीतने की कोशिश की, उसे लोकसभा चुनावों में तो लगातार सफलता मिलती रही, लेकिन विधानसभा चुनावों में आम आदमी पार्टी का दबदबा बना रहा।

> ***आम आदमी पार्टी ने चार और कांग्रेस ने तीन लोकसभा सीटों पर प्रत्याशी उतारे, लेकिन नतीजा वही रहा। सातों सीटों पर बीजेपी ने जीत हासिल की। बीजेपी ने 54.35% वोट पाए, जबकि आम आदमी पार्टी 24.17% और कांग्रेस 18.91% पर अटक गए। दोनों मिलाकर भी बीजेपी के आसपास नहीं पहुँच पाए।***

2024 लोकसभा चुनाव में बीजेपी ने टिकट बदलने का फॉर्मूला

अपनाया और उसे सफलता मिली। भाजपा ने मनोज तिवारी को छोड़कर बाकी सभी छह सीटों पर नए प्रत्याशी मैदान में उतारे। मनोज तिवारी लगातार तीसरी बार नॉर्थ-वेस्ट दिल्ली सीट से सांसद चुने गए। हालाँकि इस बार बहुत पहले से ही यह तय हो गया था कि बीजेपी सातों सीटों पर अपने नए चेहरों को टिकट देगी। एक साल पहले मैंने दिल्ली के पत्रकार निहाल सिंह के साथ एक वीडियो बनाया था, जिसे लाखों लोगों ने देखा। इसमें हमने चर्चा की थी कि दिल्ली में इस बार बीजेपी सातों सीटों पर टिकट बदलेगी। इस वीडियो में हमने दो नाम तो लगभग साफ ही कर दिए थे। वेस्ट दिल्ली से कमलजीत सहरावत और नई दिल्ली से बाँसुरी स्वराज। दोनों को टिकट मिला। दूसरा नाम काफी दिलचस्प था। पूर्व केंद्रीय मंत्री और बीजेपी की वरिष्ठ नेता स्व. सुषमा स्वराज की बेटी बाँसुरी स्वराज सुप्रीम कोर्ट में अधिवक्ता हैं और उन्हें लोकसभा चुनाव से लगभग एक साल पहले दिल्ली की राजनीति में सक्रिय किया गया। और जल्द ही वे दिल्ली बीजेपी की इकाई में लगातार प्रेस कॉन्फ्रेंस करती व मीडिया को अपनी प्रतिक्रियाएँ देती हुई नजर आने लगीं। बाँसुरी स्वराज का राजनीति में आना और एकदम मीडिया में लगातार सक्रिय दिखना एक सोची-समझी रणनीति का हिस्सा था। नरेंद्र मोदी के साथ सुषमा स्वराज ने पाँच साल तक विदेश मंत्री के तौर पर शानदार काम किया। शायद सुषमा स्वराज के प्रति अपनी कृतज्ञता दिखाने के लिए मोदी ने बाँसुरी को राजनीति में लाने का फैसला किया। हालाँकि दिल्ली के राजनीतिक गलियारों में यह भी चल रहा था कि स्व. अरुण जेटली के बेटे रोहन जेटली को भी लोकसभा का टिकट दिया जा सकता है। जेटली के साथ मोदी के करीबी रिश्ते रहे। वित्त मंत्री के तौर पर मोदी ने हमेशा जेटली की नीतियों को पूरा समर्थन दिया और जब मोदी दिल्ली आए तो उनके प्राथमिक प्रबल समर्थकों में से एक अरुण जेटली ही हुआ करते थे। लेकिन रोहन जेटली विवादों में घिर गए। जैसे ही उनके नाम की चर्चा चली, वैसे ही दिल्ली में उनके खिलाफ पोस्टर लग गए। कथित सेक्स स्कैंडल को उछाला जाने लगा। पूर्वी दिल्ली से सांसद व क्रिकेटर गौतम गंभीर का टिकट कटने की अटकलें पहले

से ही लग रही थीं। हालाँकि गौतम गंभीर ने जिस तरह से आई.पी.एल. में शाहरुख खान की टीम कोलकाता नाइट राइडर्स के मेंटोर का अनुबंध स्वीकार किया था, उससे साफ था कि गौतम लोकसभा चुनाव नहीं लड़ेंगे, क्योंकि आई.पी.एल. का सीजन ठीक चुनाव के समय पर पड़ रहा था। वैसे गंभीर ने सांसद रहते हुए लखनऊ की टीम को दो सीजन में मेंटोर किया और टीम ने बढ़िया खेल दिखाया। इस सीजन में भी जैसे ही गंभीर ने के.के. आर. की कमान सँभाली तो टीम को चैंपियन बना दिया। जिस दिन दिल्ली के टिकटों का ऐलान हुआ, उसी दिन कुछ घंटे पहले गौतम गंभीर और पूर्व केंद्रीय मंत्री डॉ. हर्षवर्धन ने सोशल मीडिया के जरिए अपनी राजनीतिक पारी पर विराम की बात कहते हुए पोस्ट डाल दी। साफ था, बीजेपी ने इस बार सारे टिकट बदलने का मन बना लिया था। सबसे ऊहापोह की स्थिति थी नई दिल्ली की सांसद मीनाक्षी लेखी को लेकर। लेखी विदेश राज्य मंत्री की भूमिका में थीं और उनका टिकट कटने की चर्चाएँ चुनाव से पहले ही चलने लगी थीं। उन्हीं के स्थान पर बाँसुरी का नाम चल रहा था। वैसे लेखी का टिकट कटने की चर्चा 2019 के लोकसभा चुनाव में भी चली थी। राजनाथ सिंह के करीबी माने जाने वाले दिल्ली कैंट के पूर्व विधायक करण सिंह तँवर ने सारी दिल्ली में पोस्टर तक लगवा दिए थे, लेकिन चुनाव से पहले एक घटना हुई। राहुल गांधी ने मोदी के खिलाफ 'चौकीदार चोर है' का अभियान चलाया हुआ था और इसी मामले में मीनाक्षी लेखी, जो वरिष्ठ अधिवक्ता भी हैं, ने सुप्रीम कोर्ट में एक याचिका दाखिल की, जिसमें राहुल गांधी को माफी माँगनी पड़ी थी। राफेल को लेकर राहुल ने जो एक झूठा नैरेटिव गढ़ने का अभियान चलाया हुआ था, उसके लिए यह माफीनामा एक बड़े झटके के लिए था। इसी वजह से

राहुल गांधी ने मोदी के खिलाफ 'चौकीदार चोर है' का अभियान चलाया हुआ था और इसी मामले में मीनाक्षी लेखी, जो वरिष्ठ अधिवक्ता भी हैं, ने सुप्रीम कोर्ट में एक याचिका दाखिल की, जिसमें राहुल गांधी को माफी माँगनी पड़ी थी।

मीनाक्षी लेखी का टिकट नहीं कटा और वे चुनाव लड़ीं, जीतीं और उन्हें केंद्रीय मंत्री भी बनाया गया। हालाँकि मंत्रिमंडल में उनकी एंट्री 2021 में हुए बड़े फेरबदल के दौर में हुई। इसी समय केंद्रीय स्वास्थ्य मंत्री की भूमिका से डॉ. हर्षवर्धन को भी हटाया गया था। हालाँकि कोविड के दौर में मोदी ने उनके काम की सराहना की थी, लेकिन फिर भी उनको हटाकर मनसुख मंडाविया को यह जिम्मेदारी दी गई थी।

दक्षिणी दिल्ली के तेज-तर्रार व जनप्रिय सांसद रमेश बिधूड़ी का टिकट कटना बड़ा कठिन था, लेकिन लोकसभा चुनाव से कुछ माह पहले ही नए संसद भवन में बुलाए गए पहले विशेष सत्र में महिला आरक्षण बिल लाया गया। उसी पर चर्चा के दौरान रमेश बिधूड़ी ने अमरोहा (यू.पी.) के बसपा सांसद दानिश अली को भला-बुरा कहा। इस प्रकार के शब्द संसद के भीतर शायद ही पहले कभी सुनने को मिले हों। बीजेपी के केंद्रीय नेतृत्व ने इसे रंग में भंग माना। महिला आरक्षण बिल पास कराने के लिए बुलाए गए इस सत्र में सबसे ज्यादा चर्चा बिधूड़ी के विवादित भाषण की ही रही। इसलिए रमेश बिधूड़ी का टिकट काटा गया। हालाँकि रमेश बिधूड़ी एक लोकप्रिय नेता हैं, लेकिन इस चुनाव में विवादित बयान देने वाले कई सांसदों के टिकट काटे गए। इनमें भोपाल की सांसद साध्वी प्रज्ञा भी शामिल थीं।

महिला आरक्षण बिल पास कराने के लिए बुलाए गए इस सत्र में सबसे ज्यादा चर्चा बिधूड़ी के विवादित भाषण की ही रही। इसलिए रमेश बिधूड़ी का टिकट काटा गया। हालाँकि रमेश बिधूड़ी एक लोकप्रिय नेता हैं, लेकिन इस चुनाव में विवादित बयान देने वाले कई सांसदों के टिकट काटे गए। इनमें भोपाल की सांसद साध्वी प्रज्ञा भी शामिल थीं।

उत्तर-पश्चिमी दिल्ली लोकसभा सीट दिल्ली की एकमात्र रिजर्व सीट है। यहाँ से सांसद पंजाबी सूफी गायक हंसराज हंस का टिकट भी बदला गया। हंस को इस बार पंजाब की फरीदकोट आरक्षित सीट से चुनाव लड़ाया गया, जहाँ वे पाँचवें स्थान पर रहे। उत्तर-पश्चिम सीट पर 2014 में बीजेपी के टिकट

पर सांसद चुने गए उदितराज इस बार कांग्रेस के टिकट पर मैदान में उतरे। बीजेपी ने अपने सक्रिय कार्यकर्ता योगेंद्र चंदोलिया को टिकट दिया और उन्होंने दिल्ली में सबसे बड़ी जीत दर्ज की। चंदोलिया को 8.66 लाख वोट मिले। जो कुल वैध मतों का 58.26% था।

इंडिया ब्लॉक में सीटों के तालमेल के चलते आम आदमी पार्टी ने नई दिल्ली (सोमनाथ भारती), ईस्ट दिल्ली (कुलदीप कुमार), वेस्ट दिल्ली (महाबल मिश्रा) और दक्षिण दिल्ली (सहीराम पहलवान) सीटों पर अपने प्रत्याशी उतारे, जबकि कांग्रेस ने चाँदनी चौक (जे.पी. अग्रवाल), नॉर्थ-ईस्ट दिल्ली (कन्हैया कुमार) और नॉर्थ-वेस्ट आरक्षित सीट (उदित राज) पर अपने प्रत्याशी उतारे। बीजेपी ने चाँदनी चौक से व्यापारी नेता प्रवीण खंडेलवाल को टिकट दिया। खंडेलवाल ने जी.एस.टी. के समर्थन में व्यापारियों के बीच सकारात्मक माहौल बनाने का काम किया था और इसी का पुरस्कार उन्हें मिला। ईस्ट दिल्ली से हर्ष मल्होत्रा को प्रत्याशी बनाया गया, जिन्हें केंद्रीय मंत्रि परिषद् में राज्य मंत्री भी बनाया गया। वेस्ट दिल्ली से जाट प्रत्याशी कमलजीत सहरावत को टिकट मिला। कमलजीत दक्षिणी दिल्ली म्युनिसिपल कॉरपोरेशन की मेयर भी रही हैं। इस सीट पर कमलजीत को प्रवेश वर्मा का टिकट काटकर प्रत्याशी बनाया गया। प्रवेश वर्मा दिल्ली के पूर्व मुख्यमंत्री स्व. साहिब सिंह वर्मा के बेटे हैं और उन्हें तेज-तर्रार नेताओं में गिना जाता है, लेकिन क्षेत्र के कार्यकर्ताओं के साथ उनका व्यवहार हमेशा ही विवाद का विषय रहा। कुछ लोगों का मानना है कि हर कार्यकर्ता के साथ तू-तड़ाक करके बात करना, असभ्य लहजा उनके खिलाफ माहौल बनाने में सफल रहा। कमलजीत सहरावत ने कांग्रेस के पूर्व दिग्गज, जो इस बार आम आदमी पार्टी के टिकट पर मैदान में उतरे, महाबल मिश्रा को धूल चटाई। मिश्रा लगातार दो बार यहाँ से सांसद रहे हैं और पूर्वांचली मतों के दम पर ताकतवर नेता माने जाते हैं।

मनोज तिवारी बनाम कन्हैया कुमार

दिल्ली की सातों सीटों में से अगर किसी एक लोकसभा सीट का विस्तार

से विश्लेषण करना हो तो वो होगी नॉर्थ–ईस्ट दिल्ली। भोजपुरी अभिनेता और दो बार के सांसद मनोज तिवारी लगातार तीसरी बार मैदान में उतारे गए। कांग्रेस ने इस सीट पर अपने प्रत्याशी का ऐलान बहुत देर से किया। और जो नाम सामने आया, उसने सबको चौंकाया भी। जेएनयू छात्र संघ के पूर्व अध्यक्ष और वामपंथ की राह छोड़कर कुछ साल पहले ही कांग्रेसी बने कन्हैया कुमार। कन्हैया ने लेफ्ट पार्टियों के दम पर 2019 में पहला चुनाव बिहार की बेगूसराय लोकसभा सीट से लड़ा था। वहाँ उन्हें केंद्रीय मंत्री गिरिराज सिंह को हराने के लिए सुनियोजित तरीके से भेजा गया था और पूरी लेफ्ट बिरादरी उनके लिए प्रचार करने के लिए पहुँच गई थी। इनमें स्वरा भास्कर, जावेद जाफरी व जावेद अख्तर जैसी बॉलीवुड हस्तियाँ भी शामिल थीं, लेकिन गिरिराज सिंह ने कन्हैया कुमार को साढ़े चार लाख से अधिक मतों से करारी शिकस्त दी थी। जेएनयू में 'भारत तेरे टुकड़े होंगे', जैसे नारे लगवाकर छात्र संघ का चुनाव जीतने वाले कन्हैया कुमार ने दिल्ली में काफी आक्रामक चुनाव लड़ा। बीच में एक दिन प्रचार के दौरान कुछ युवकों ने कन्हैया को तमाचे भी रसीद कर दिए और इसे मुद्दा भी बनाया गया, लेकिन कुछ काम नहीं आया।

कन्हैया ने लेफ्ट पार्टियों के दम पर 2019 में पहला चुनाव बिहार की बेगूसराय लोकसभा सीट से लड़ा था। वहाँ उन्हें केंद्रीय मंत्री गिरिराज सिंह को हराने के लिए सुनियोजित तरीके से भेजा गया था और पूरी लेफ्ट बिरादरी उनके लिए प्रचार करने के लिए पहुँच गई थी।

इस लोकसभा सीट में पूर्वांचली व उत्तर प्रदेश से आकर रह रहे मतदाताओं की संख्या बहुत ज्यादा है। दो बार की एंटी इन्कमबेंसी के बावजूद मनोज तिवारी ने यह सीट 138778 मतों से जीती। इस लोकसभा सीट के चुनाव ने यह साबित कर दिया कि पूरे देश में माहौल कुछ भी हो, लेकिन दिल्ली की जनता मोदी और उनकी नीतियों के साथ खड़ी है और टस–से–मस होने का नाम नहीं ले रही है। दिल्ली का चुनाव देश से बिल्कुल अलग था।

केजरीवाल का तड़का

दिल्ली शराब घोटाले में केजरीवाल, मनीष सिसोदिया व कई अन्य लोगों का नाम आने के बाद से दिल्ली में आम आदमी पार्टी की छवि बहुत खराब हुई है। इस नतीजे ने यह साबित कर दिया कि केजरीवाल के सरकार चलाने के तौर-तरीकों से जनता बहुत खुश भी नहीं है। लोकसभा चुनाव से ठीक पहले केजरीवाल की ई.डी. द्वारा गिरफ्तारी हुई थी। चुनाव के बीच अचानक ही सुप्रीम कोर्ट ने उनको 21 दिन की अंतरिम जमानत भी दे दी। देश के इतिहास में यह अपने आप में एकमात्र उदाहरण है कि जेल में बंद किसी नेता को इस प्रकार की छूट दी गई हो। केजरीवाल बाहर आए और आम आदमी पार्टी ने इसे इस तरह से प्रोजेक्ट करने की कोशिश भी की कि दिल्ली के मुख्यमंत्री को आरोपों से जैसे मुक्ति मिल गई है और चूँकि उनके खिलाफ ई.डी. का केस बहुत कमजोर है, इसलिए सुप्रीम कोर्ट ने उन्हें जमानत दी है। हालाँकि सुप्रीम कोर्ट ने इस प्रकार की बयानबाजी से बचने की सलाह दी थी, लेकिन फिर भी उनकी पार्टी के नेता इसी प्रकार का विमर्श बनाने की कोशिश करते नजर आए। केजरीवाल ने कई राज्यों में प्रचार किया, लेकिन उनका मुख्य लक्ष्य दिल्ली व पंजाब ही रहे। केजरीवाल के जेल जाने के समय से एक बात बहुत ही चर्चाओं में रही कि आम आदमी पार्टी के दस राज्यसभा सांसद हैं और किसी ने भी उनका मुसीबत की इस घड़ी में साथ नहीं दिया। आम आदमी पार्टी के सात राज्यसभा सांसद पंजाब के कोटे से हैं और तीन दिल्ली के। दिल्ली से राज्यसभा सांसद संजय सिंह को केजरीवाल के बाहर आने से पहले ही जमानत मिल गई थी और वे खुलकर केजरीवाल की पत्नी सुनीता

लोकसभा चुनाव से ठीक पहले केजरीवाल की ई.डी. द्वारा गिरफ्तारी हुई थी। चुनाव के बीच अचानक ही सुप्रीम कोर्ट ने उनको 21 दिन की अंतरिम जमानत भी दे दी। देश के इतिहास में यह अपने आप में एकमात्र उदाहरण है कि जेल में बंद किसी नेता को इस प्रकार की छूट दी गई हो।

केजरीवाल के समर्थन में पार्टी के भीतर माहौल बना रहे थे। केजरीवाल, मनीष सिसोदिया और सत्येंद्र जैन जेल में थे। सारे राज्यसभा सांसदों में से केवल संदीप पाठक और संजय सिंह ही सक्रिय नजर आ रहे थे। केजरीवाल की पत्नी सुनीता केजरीवाल को अरविंद केजरीवाल की गैरमौजूदगी में पार्टी का चेहरा बनाने की विफल कोशिश भी की गई। इस बीच एक गंभीर मामला भी हुआ। कई महीने से विदेश में रह रही राज्यसभा सांसद स्वाति मालीवाल के साथ दिल्ली सी.एम. आवास पर मारपीट की गई। केजरीवाल के करीबी और उनके निजी सचिव बिभव कुमार को स्वाति मालीवाल से मारपीट कराने के मामले में दिल्ली पुलिस ने गिरफ्तार कर लिया। और यह केजरीवाल के लिए एक बड़ा झटका था। चुनाव प्रचार के समय पंजाब से राज्यसभा सांसद राघव चड्ढा का देश से गायब हो जाना बहुत चर्चाओं में रहा। वे आँखों का ऑपरेशन कराने के लिए लंदन गए थे और दो-तीन महीने तक वहाँ से लौटकर ही नहीं आए। उनकी पत्नी और बॉलीवुड अभिनेत्री परिणीति चोपड़ा जरूर अपनी फिल्मों के प्रमोशन के लिए भारत आती रही, लेकिन राघव चड्ढा केजरीवाल की गिरफ्तारी के समय भी इंग्लैंड में थे और चुनाव में भी अधिकतर समय बाहर ही रहे। दिल्ली में जब 25 मई को मतदान की तारीख निकट आई तो राघव चड्ढा लौटकर दिल्ली आए। केजरीवाल ने पंजाब और दिल्ली में प्रचार के दौरान एक बात कहने का क्रम लगातार जारी रखा कि अगर दिल्ली की जनता ने उन्हें सारी लोकसभा सीटें जितवा दीं तो फिर उन्हें वापस जेल नहीं जाना पड़ेगा। केजरीवाल को 2 जून तक की अंतरिम जमानत मिली थी। उन्हें सरेंडर हर हाल में करना ही था, लेकिन फिर भी वे यही बात बार-बार दोहराते रहे। अंत में केजरीवाल

केजरीवाल की पत्नी सुनीता केजरीवाल को अरविंद केजरीवाल की गैरमौजूदगी में पार्टी का चेहरा बनाने की विफल कोशिश भी की गई। इस बीच एक गंभीर मामला भी हुआ। कई महीने से विदेश में रह रही राज्यसभा सांसद स्वाति मालीवाल के साथ दिल्ली सी.एम. आवास पर मारपीट की गई।

को वापस जाना ही पड़ा। हालाँकि जब जेल जाने का समय नजदीक आया तो उन्होंने स्वास्थ्य परीक्षण के बहाने से अपनी अंतरिम जमानत को कुछ दिन और बढ़वाने की कोशिश भी की, लेकिन ई.डी. ने इसका जमकर विरोध किया। ई.डी. का कहना था कि चुनाव प्रचार के समय तो उन्हें कोई दिक्कत नहीं हुई, फिर वे अचानक ही बीमार कहाँ से हो गए? केजरीवाल जब तिहाड़ जेल में थे तो भी लगातार उनकी सेहत को लेकर तरह-तरह की खबरें आती रहीं और उनके वकील जमानत की माँग करते रहे, लेकिन अदालत ने कोई राहत नहीं दी। अंत में उन्हें सरेंडर करना पड़ा और जेल जाना ही पड़ा। अलबत्ता नतीजों से यह साफ हो गया कि केजरीवाल के प्रति दिल्ली की जनता में किसी प्रकार की कोई सहानुभूति नहीं है और ज्यादातर लोगों का मानना है कि बिना आग के धुआँ नहीं उठता।

□

दक्षिण ने दिखाया दम

जहाँ उत्तर भारत के हिंदीभाषी राज्यों उत्तर प्रदेश, हरियाणा, राजस्थान में बीजेपी की लोकसभा सीटों में भारी गिरावट देखने को मिली, वहीं दक्षिण भारत के चारों राज्य भगवा पार्टी के लिए उम्मीद की किरण बनकर उभरे। केरल जैसे घोर वामपंथी राज्य में भाजपा ने अपना खाता खोलने में सफलता हासिल की। फिल्म अभिनेता सुरेश गोपी ने थ्रिसूर लोकसभा सीट पर जीत हासिल की! गोपी को केंद्र में मंत्री भी बनाया गया। बीजेपी को केवल 240 लोकसभा सीटें ही मिलने का शोर इतना तीव्र था कि केरल की यह सफलता नेपथ्य में चली गई। बीजेपी ने दक्षिण के पाँचों राज्यों, कर्नाटक, तेलंगाना, आंध्र प्रदेश, तमिलनाडु और केरल में अपने वोट प्रतिशत में बढ़ोतरी की और सीटें भी बढ़ाने में सफलता हासिल की। कर्नाटक में प्रदर्शन पाँच साल पहले जैसा तो नहीं रहा, लेकिन फिर भी विधानसभा चुनाव में एक साल पहले ही मिली करारी हार से पार्टी काफी उबरती हुई नजर आई। दिलचस्प बात यह है कि चुनावों के बाद केरल में सत्ताधारी वाम धड़े ने जब अपनी हार की समीक्षा की तो उसमें सबसे बड़ा बिंदु यह सामने आया कि बीजेपी का तेजी से उभरना भी वामदलों की हार का कारण बना।

तमिलनाडु

इस राज्य में बीजेपी को अपेक्षा के विपरीत एक भी लोकसभा सीट नहीं मिली। यहाँ बीजेपी अध्यक्ष के. अन्नामलाई ने पूरा चुनाव अपने कंधों पर उठा रखा था। वे लोकसभा चुनाव से दो साल पहले से ही पूरे राज्य का भ्रमण कर

रहे थे। कई प्रकार की यात्राएँ निकाल चुके थे और लोगों से उनका जनसंपर्क बहुत ही अच्छा चलता रहा। स्वयं कोयंबटूर लोकसभा सीट से वे प्रत्याशी भी बने। उनकी जीत की संभावना भी प्रबल थी। इससे पहले जब वे प्रदेश के अध्यक्ष नहीं बने थे तो उन्होंने विधानसभा का चुनाव भी लड़ा था, लेकिन हार गए थे। आई.पी.एस. की नौकरी छोड़कर राजनीति में आना और बीजेपी में आने के दो साल बाद ही प्रदेश अध्यक्ष बन जाना यह बताता है कि हाईकमान को उन पर कितना भरोसा था और पार्टी किस प्रकार उनमें भविष्य का नेता देख रही थी। तमिलनाडु में बीजेपी ने 11.24 प्रतिशत वोट हासिल किए। ये 9 लोकसभा सीटें जीतने वाली प्रदेश की नंबर दो पार्टी कांग्रेस (10.67%) से अधिक है। कांग्रेस यहाँ सत्ताधारी डी.एम.के. के साथ गठबंधन में चुनाव लड़ रही थी और उसी का फायदा उसे मिला। 39 सीटों वाले राज्य में सत्ताधारी डी.एम.के. को 22, कांग्रेस को 9, वी.सी.के. (विदुथलाई चिरुथैगल काची) को दो, सी.पी.आई. (जो डी.एम.के.-कांग्रेस का गठबंधन का हिस्सा थी) को दो, सी.पी.आई.एम. (गठबंधन) को दो व एम.डी.एम.के. व इंडियन यूनियन मुसलिम लीग को एक-एक सीटें मिलीं। अगर खाता नहीं खुला तो राज्य की नंबर दो पार्टी ए.डी.एम.के. (स्व.जयललिता की पार्टी) व बीजेपी का। वैसे इसे बीजेपी का राज्य में सर्वश्रेष्ठ प्रदर्शन कहा जा सकता है। यहाँ बीजेपी ने बड़ा चुनौतीपूर्ण चुनाव लड़ा। जितनी भी लोकसभा सीटें जीतने वाली पार्टियाँ थीं, वे सभी डी.एम.के. के साथ गठबंधन में थीं। बीजेपी ने कुछ छोटी क्षेत्रीय पार्टियों से समझौता किया था और साथ ही स्व. जयललिता की पार्टी ए.डी.एम.के. से अपना गठबंधन चुनाव से कुछ माह पहले ही खत्म कर लिया था। जीतने वाले गठबंधन की सभी पार्टियाँ एक ही पार्टी

39 सीटों वाले राज्य में सत्ताधारी डी.एम.के. को 22, कांग्रेस को 9, वी.सी.के. (विदुथलाई चिरुथैगल काची) को दो, सी.पी.आई. (जो डी.एम.के.-कांग्रेस का गठबंधन का हिस्सा थी) को दो, सी.पी.आई.एम. (गठबंधन) को दो व एम.डी.एम.के. व इंडियन यूनियन मुसलिम लीग को एक-एक सीटें मिलीं।

से लड़ रही थीं, और वो थी भारतीय जनता पार्टी। इस सीधी लड़ाई ने बीजेपी को वोट शेयर के हिसाब से राज्य की नंबर तीन पार्टी बना दिया। राष्ट्रीय स्तर पर बने इंडिया ब्लॉक ने सबसे बड़ी सफलता तमिलनाडु में ही हासिल की, लेकिन इसके बाद भी बीजेपी यहाँ मुख्य विरोधी पार्टी के रूप में अपने आप को स्थापित करने में सफल रही। पाँच साल पहले हुए चुनाव में डी.एम.के. गठबंधन ने 39 में से 38 सीटें जीती थीं। इस बार भी वही कहानी रही, लेकिन वोट शेयर की स्थिति कुछ और ही रही। बीजेपी ने राज्य की राजधानी चेन्नई में भी अपनी मौजूदगी का आभास कराया। तीन में से दो लोकसभा सीटों पर बीजेपी नंबर दो का स्थान पाने में सफल रही। चेन्नई साउथ और सेंट्रल सीटों पर भाजपा को क्रमशः 26.4%, 23.1% वोट मिले। नॉर्थ सीट पर बीजेपी तीसरे नंबर पर रही। चेन्नई के कुछ विधानसभा क्षेत्रों में तो बीजेपी को 30 से 36% तक मत मिल गए। अन्नामलाई कोयंबटूर में एक लाख वोट से हारे। जयललिता के निधन के बाद से अंदरूनी सत्ता संघर्ष से जूझ रही ए.डी.एम.के. 20.46% वोट हासिल करने के बाद भी कोई खाता नहीं खोल सकी। हालाँकि यह भी चर्चा रही कि बीजेपी ने जयललिता की पार्टी से नाता तोड़कर क्या कोई गलती की? चुनाव के नतीजों के बाद अन्नामलाई ने ऐलान किया कि वे दो साल बाद होने वाले विधानसभा चुनावों की तैयारी में जुटना चाहते हैं। और कहा जाता है कि अन्नामलाई ने इसीलिए राज्यसभा की सीट व केंद्रीय मंत्रिमंडल में शामिल होने का प्रस्ताव भी ठुकरा दिया।

जयललिता के निधन के बाद से अंदरूनी सत्ता संघर्ष से जूझ रही ए.डी.एम.के. 20.46% वोट हासिल करने के बाद भी कोई खाता नहीं खोल सकी। हालाँकि यह भी चर्चा रही कि बीजेपी ने जयललिता की पार्टी से नाता तोड़कर क्या कोई गलती की?

कर्नाटक

दक्षिण भारत के राज्यों में भारतीय जनता पार्टी के खाते में अगर कोई राज्य हमेशा जुड़ा रहा है तो वो है कर्नाटक। नब्बे के दशक से ही बीजेपी यहाँ

सरकार बनाती रही है। इस राज्य का चलन हमेशा प्रो-बीजेपी रहा है और विधानसभा चुनावों के परिणामों का भी ज्यादा असर लोकसभा चुनावों पर नहीं पड़ता। 2018 में यहाँ कांग्रेस और जे.डी.एस. की गठबंधन सरकार बनी और एच.डी. देवगौड़ा के बेटे कुमारस्वामी सी.एम. बने थे। लेकिन एक साल बाद ही हुए लोकसभा चुनाव में 28 में से 25 लोकसभा सीटें बीजेपी ने जीती थीं। कांग्रेस का ग्राफ बहुत नीचे चला गया था। 2014 के मुकाबले कांग्रेस की आठ सीटें कम हो गईं। उसे केवल एक लोकसभा सीट मिली और कांग्रेस के सबसे सीनियर नेता और वर्तमान पार्टी अध्यक्ष मल्लिकार्जुन खड़गे भी अपनी परंपरागत गुलबर्गा लोकसभा सीट से चुनाव हार गए थे। खड़गे पहली बार कोई चुनाव हारे थे, अन्यथा वे लगातार विधायक व सांसद यहाँ से बनते रहे थे। 2019 के लोकसभा चुनाव के नतीजों से उत्साहित बीजेपी ने कर्नाटक की कुमारस्वामी सरकार को गिराकर अपनी सरकार भी बनाई। कद्दावर नेता और पूर्व सी.एम.बी.एस. येदियुरप्पा फिर सी.एम. बने। लेकिन जैसे-जैसे 2023 के विधानसभा चुनाव नजदीक आते चले गए वैसे-वैसे बीजेपी में असहजता बढ़ती चली गई। जिस प्रकार बीजेपी राजस्थान में वसुंधरा राजे का विकल्प तलाश रही थी, वैसे ही कर्नाटक में भी बीजेपी येदियुरप्पा से आगे की लाइन देख रही थी। इसलिए बस्वाराज बोम्मई को कुछ महीने पहले सी.एम. बना दिया गया। बोम्मई भी येदियुरप्पा की तरह लिंगायत समुदाय से आते हैं, लेकिन फिर भी जनता ने बोम्मई के नेतृत्व को नकार दिया और कर्नाटक में कांग्रेस की सरकार बनी, जिसमें सिद्धारमैया सी.एम. और डी.के. शिवकुमार डिप्टी सी.एम. बने। देवगौड़ा की पार्टी जे.डी.एस. ने अकेले चुनाव लड़ा और बहुत घाटा उठाया। उसका परंपरागत वोक्कालिगा वोट भी कांग्रेस की ओर खिसक गया। देवगौड़ा को लगा कि अब उनकी पार्टी के लिए अस्तित्व बचाना भी कठिन होगा। इसलिए उन्होंने बीजेपी की ओर दोस्ती का हाथ बढ़ाया। बीजेपी को भी लगा कि कहीं एक साल पहले हुए विधानसभा चुनाव का असर लोकसभा चुनाव के नतीजों पर न पड़े, इसलिए उन्होंने इस दोस्ती को कबूल कर लिया। हालाँकि इसका कोई खास फायदा बीजेपी को नहीं हुआ, लेकिन कुमारस्वामी जरूर केंद्र में कैबिनेट मंत्री बन गए।

लोकसभा चुनाव 2024 में बीजेपी पिछला प्रदर्शन तो नहीं दोहरा पाई, लेकिन फिर भी नंबर वन पार्टी जरूर रही। कांग्रेस ने 2014 की भाँति इस बार भी 9 सीटें जीतीं, बीजेपी को 17 और जे.डी.एस. को दो सीटें मिलीं। कुमारस्वामी ने मंड्या लोकसभा सीट बड़े अंतर से जीती। पूर्व सी.एम. बोम्मई ने भी लोकसभा चुनाव लड़ा और जीतने में सफल रहे। कांग्रेस ने खड़गे की परंपरागत सीट गुलबर्गा एक बार फिर जीत ली और इस बार वहाँ से राधाकृष्ण सांसद चुने गए। बेंगलुरु और मैसूर की सारी शहरी सीटें बीजेपी ने फिर से जीतीं। हालाँकि बीजेपी को लगा कि येदियुरप्पा को सी.एम. पद से हटाने के कारण लिंगायत वोट उससे छिटक गए और इसलिए विधानसभा चुनाव में हार मिली थी, इसलिए लोकसभा चुनाव के मद्देनजर येदियुरप्पा के बेटे विजयेंद्र को पार्टी की कमान भी कर्नाटक में सौंपी गई थी। बीजेपी के लिए कर्नाटक इस बार घाटे का सौदा साबित हुआ। पार्टी की राष्ट्रीय स्तर पर सीटें कम होने में इस राज्य की भूमिका भी बहुत खास रही।

आंध्र प्रदेश

दक्षिण भारतीय राज्यों में बीजेपी को सबसे कम उम्मीदें अगर किसी राज्य से थीं तो वो था आंध्र प्रदेश। बीजेपी यहाँ लोकसभा व विधानसभा, दोनों स्तर पर पूरी तरह से शून्य थी। यहाँ के मुख्यमंत्री वाई.एस. जगनमोहन रेड्डी व विपक्ष की प्रमुख पार्टी टी.डी.पी. के नेता एन. चंद्रबाबू नायडू के बीच दुश्मनी किसी से छिपी नहीं थी। 2024 के लोकसभा चुनाव आते-आते स्थिति यह थी कि जगन और नायडू, दोनों ही बीजेपी से दोस्ती करना चाहते थे। इस राज्य में लोकसभा व विधानसभा चुनाव एक साथ होते हैं। 2019 में जगन ने प्रचंड बहुमत के साथ सरकार भी बनाई थी और लोकसभा चुनाव में 25 में से 22 सीटें भी जीती थीं। तीन सीटें टी.डी.पी. के हिस्से में आई थीं। केंद्रीय स्तर पर जगनमोहन ने मोदी सरकार के प्रति अपना समर्थन पाँच साल तक लगातार बनाए रखा था। 2019 के बाद जितने भी बड़े बिल मोदी सरकार लेकर आई, उन्हें राज्यसभा से पास कराने में जगन की बड़ी भूमिका रही। चाहे 370 का मामला हो या तीन तलाक का या फिर कोई और। जगन ने अपना बिना शर्त

समर्थन जारी रखा। खास बात यह थी कि जगनमोहन रेड्डी लगातार दिल्ली आते रहते थे और जब भी आते थे तो प्रधानमंत्री मोदी के अलावा गृह मंत्री अमित शाह से जरूर मिलते थे। दरअसल वे चंद्रबाबू नायडू व उनका समर्थन करने वाली कुछ मीडिया कंपनियों के खिलाफ केंद्रीय जाँच एजेंसियों की काररवाई चाहते थे। नायडू ने जिस प्रकार मोदी को भला-बुरा कहकर 2018 में एन.डी.ए. से नाता तोड़ा था, उससे भी बीजेपी हाईकमान में नाराजगी थी। तेलुगू सुपर स्टार पवन कल्याण, चिरंजीवी के भाई और जनसेना पार्टी के अध्यक्ष, नायडू और बीजेपी के बीच सेतु बने और उन्होंने बीजेपी को लगातार इस बात के लिए पुश किया कि वह टी.डी.पी. व जन सेना के साथ मिलकर चुनाव में उतरे। बीजेपी ने इस मामले में वेट एंड वाच की स्थिति बनाकर रखी, क्योंकि केंद्रीय राजनीति में जगन की पार्टी उनके लिए ज्यादा सहायक साबित हो रही थी। लेकिन जैसे-जैसे लोकसभा चुनाव नजदीक आते गए वैसे-वैसे बीजेपी ने आंध्र प्रदेश की नब्ज को टटोलना शुरू कर दिया। जगन के खिलाफ माहौल बन रहा था। एक जबरदस्त एंटी इन्कमबेंसी राज्य में बन रही थी। बीजेपी ने पूर्व केंद्रीय मंत्री पुरुंदेश्वरी, जो चंद्रबाबू नायडू की साली भी हैं, को प्रदेश की कमान सौंपी। बीजेपी का असली उद्देश्य यही था कि उसे फीडबैक मिलता रहे कि राज्य में हवा किस दिशा में बह रही है। बीजेपी जानती थी कि राज्य के विधानसभा चुनाव में उसके लिए कुछ पाने को है नहीं, लेकिन अगर वह नायडू को विधानसभा में फ्री हैंड देकर कुछ लोकसभा सीटें अपनी बढ़ा ले तो यह उसके लिए बहुत ही फायदे का सौदा हो सकता है। जिस राज्य में बीजेपी के पास एक भी लोकसभा सीट नहीं थी, वहाँ उसे कुछ सांसद मिल सकते हैं। और ऐसा ही हुआ। बीजेपी ने यहाँ तीन लोकसभा सीटें जीतीं। टी.डी.पी. ने 16, वाई.

तेलुगू सुपर स्टार पवन कल्याण, चिरंजीवी के भाई और जनसेना पार्टी के अध्यक्ष, नायडू और बीजेपी के बीच सेतु बने और उन्होंने बीजेपी को लगातार इस बात के लिए पुश किया कि वह टी.डी.पी. व जन सेना के साथ मिलकर चुनाव में उतरे।

एस.आर.सी.पी. ने चार और जनसेना पार्टी ने दो सीटें जीतीं। टी.डी.पी. को साथ लेने का कितना फायदा हुआ, इसका अनुमान इसी से लगाया जा सकता है कि नरेंद्र मोदी को तीसरी बार पी.एम. बनाने में चंद्रबाबू नायडू की भूमिका बहुत ही महत्त्वपूर्ण रही। वह तीसरी बार सत्ता में आई एन.डी.ए. सरकार के सबसे प्रमुख घटक साबित हुए। वैसे मत प्रतिशत के हिसाब से टी.डी.पी. और वाई.एस.आर.सी.पी. के बीच में मामूली अंतर रहा, लेकिन चूँकि टी.डी.पी. ने बीजेपी व जनसेना के लिए भी सीटें छोड़ी थीं, इसलिए उसका मत प्रतिशत जगन की पार्टी से लगभग एक प्रतिशत कम रहा। विधानसभा चुनाव में भी टी.डी.पी. ने बड़ी जीत हासिल की। 175 में से 135 सीटें टी.डी.पी. ने जीतीं। पवन कल्याण की जनसेना पार्टी ने 21 व बीजेपी ने 8 सीटें जीतीं और इस तरह प्रचंड जीत के साथ एन.डी.ए. ने राज्य में भी सरकार बनाई। जगन की पार्टी को विधानसभा में केवल 11 ही सीटें मिलीं। विधानसभा चुनाव में टी.डी.पी. और जगन की पार्टी में लगभग छह प्रतिशत मतों का अंतर रहा। बीजेपी के आठ विधायक भी टी.डी.पी. व जनसेना की ही बदौलत जीते। इस तरह बीजेपी रणनीतिक रूप से यह चुनाव जीतने में सफल रही। जिस राज्य में भाजपा शून्य मानी जा रही थी, वहाँ से उसे तीन सांसद व आठ विधायक मिल गए। लोकसभा चुनाव में सबसे उत्साहजनक नतीजे बीजेपी के लिहाज से इसी राज्य से आए।

विधानसभा चुनाव में भी टी.डी.पी. ने बड़ी जीत हासिल की। 175 में से 135 सीटें टी.डी.पी. ने जीतीं। पवन कल्याण की जनसेना पार्टी ने 21 व बीजेपी ने 8 सीटें जीतीं और इस तरह प्रचंड जीत के साथ एन.डी.ए. ने राज्य में भी सरकार बनाई। जगन की पार्टी को विधानसभा में केवल 11 ही सीटें मिलीं।

तेलंगाना

इस राज्य में बीजेपी लगातार मजबूत ही होती रही है। आंध्र प्रदेश से 2014 में अलग हुए तेलंगाना में बीजेपी ने 2014 में एक लोकसभा सीट

जीती थी। जबकि 2019 में बीजेपी के चार सांसद यहाँ से जीते थे। कुल 17 सीटों वाले इस राज्य में गठन के समय से ही क्षेत्रीय पार्टी टी.आर.एस. (बी.आर.एस.) का दबदबा रहा। पार्टी प्रमुख के. चंद्रशेखर राव ही राज्य के पहले सी.एम. बने थे। यहाँ भी लोकसभा और विस चुनाव एक साथ ही होते, लेकिन 2018 में के.सी.आर. ने समय से पहले विस चुनाव करा लिये और दोबारा सी.एम. बन गए थे, लेकिन 2023 में कांग्रेस ने के.सी.आर. को सत्ता से बाहर कर दिया। हालाँकि 2023 के विस चुनाव में बीजेपी भी सरकार बनाने का ख्वाब देख रही थी, लेकिन कुछ रणनीतिक गलतियों के कारण बीजेपी ने एक तरह से यह अवसर गँवा ही दिया। राज्य में नेतृत्व परिवर्तन, दूसरी पार्टियों से आने वाले नेताओं को आवश्यकता से अधिक महत्त्व देना और अपने कैडर की उपेक्षा करने जैसी गलतियाँ पार्टी को भारी पड़ीं। लेकिन लोकसभा चुनाव कुछ माह पहले ही हुए विधानसभा चुनाव से बेहतर नतीजे लेकर आए। बीजेपी ने तगड़ी छलाँग लगाई और आठ सीटें जीत लीं। 35.08% मतों के साथ भाजपा तेलंगाना की नंबर दो पार्टी बन गई। कुछ महीने पहले तक सत्ता में रही बी.आर.सी. तीसरे नंबर पर खिसक गई और उसे 16.68% मत मिलने के बावजूद एक भी सांसद नहीं मिला। हैदराबाद से ए.आई.एम.आई.एम. के नेता असदुद्दीन ओवैसी फिर जीतने में सफल रहे, लेकिन पूरे प्रदेश में सीधे बीजेपी और कांग्रेस के बीच लड़ाई होती नजर आई। कांग्रेस को 40.10% वोट मिले। बीजेपी और कांग्रेस के बीच पाँच प्रतिशत मतों का अंतर था, लेकिन फिर भी सीटें दोनों को 8-8 ही मिलीं। कांग्रेस को भी यहाँ पाँच लोकसभा सीटों का फायदा हुआ। सबसे ज्यादा घाटे में अगर कोई रहा तो वो थी के.सी.आर. की पार्टी बी.आर.एस.। के.सी.आर. के बारे में थोड़ा और लिखना जरूरी

राज्य में नेतृत्व परिवर्तन, दूसरी पार्टियों से आने वाले नेताओं को आवश्यकता से अधिक महत्त्व देना और अपने कैडर की उपेक्षा करने जैसी गलतियाँ पार्टी को भारी पड़ीं। लेकिन लोकसभा चुनाव कुछ माह पहले ही हुए विधानसभा चुनाव से बेहतर नतीजे लेकर आए।

है। के.सी.आर. ने इंडिया ब्लॉक के गठन से पहले एक तीसरा मोर्चा बनाने की कोशिश शुरू की थी। लोकसभा चुनाव से दो साल पहले के.सी.आर. ने बिहार के मुख्यमंत्री नीतीश कुमार, जो उस समय यू.पी.ए. का हिस्सा थे, से मुलाकात करके एक प्रस्ताव दिया था कि एक ऐसा गठबंधन बनाया जाए, जिसमें न कांग्रेस हो और न ही बीजेपी। दरअसल के.सी.आर. के लिए राज्य में दोनों ही चुनौती बन रहे थे। के.सी.आर. के इस प्रस्ताव पर नीतीश ने कुछ ज्यादा गौर नहीं किया, लेकिन उनके मन में एन.डी.ए. के खिलाफ विपक्षी दलों की एकता का आइडिया जरूर आ गया। और इसलिए नीतीश के आह्वान पर विपक्ष की पहली बैठक, जिसे इंडिया ब्लॉक गठन में सूत्रधार माना गया, पटना में ही हुई। के.सी.आर. ने अपने प्रयास में शरद पवार, उद्धव ठाकरे जैसे नेताओं से भी संपर्क किया, लेकिन बात नहीं बनी, बल्कि शरद पवार ने तो साफ कह दिया कि कांग्रेस के बिना बीजेपी को रोकने के लिए कोई भी गठबंधन कामयाब नहीं हो सकता। इस लोकसभा चुनाव के बाद तेलंगाना की राजनीति में एक बात तो साफ हो गई कि अब यहाँ लड़ाई कांग्रेस बनाम बीजेपी ही रहने वाली है। मुसलिम मतों ने भी के.सी.आर. का साथ छोड़ दिया और बीजेपी को रोकने के लिए कांग्रेस को वोट दिया। अपवादस्वरूप हैदराबाद से असदुद्दीन ओवैसी ही एकमात्र जीत हासिल कर सके, जो किसी धड़े का हिस्सा नहीं थे।

केरल

केरल में यू.डी.एफ. (कांग्रेस के नेतृत्ववाला धड़ा) इस बार भी 20 में से 18 सीटें ले गया। 2019 में यह समीकरण 19-1 था। बीजेपी ने थ्रिसुर में ऐतिहासिक जीत हासिल की। इस लोकसभा सीट पर 39% अल्पसंख्यक आबादी है। यहाँ मुकाबला भी तिकोना था, लेकिन फिल्म अभिनेता सुरेश गोपी ने यह सीट बीजेपी के लिए निकालने में सफलता हासिल की। इस सीट पर पी.एम. नरेंद्र मोदी ने खास फोकस रखा था और कई बड़े कार्यक्रम यहाँ हो चुके थे। यहाँ बीजेपी फाइट में मानी जा रही थी।

यू.डी.एफ. के प्रत्याशियों ने 11 सीटों पर एक-एक लाख से अधिक के

अंतर से जीत हासिल की। वायनाड से राहुल गांधी ने सी.पी.आई. की एनी राजा को 3.64 लाख वोटों से हराया। ये सीट बाद में राहुल गांधी ने छोड़ दी और रायबरेली से सांसद बने रहना पसंद किया। यू.डी.एफ. (यूनाइटेड डेमोक्रेटिक फ्रंट) की सबसे प्रमुख सहयोगी मुसलिम लीग ने मलप्पुरम और पोनानी में सफलता हासिल की। मलप्पुरम एक मुसलिम आबादी की बहुलता वाली सीट है। यही देश की एकमात्र सीट थी, जिस पर बीजेपी ने भी मुसलिम प्रत्याशी को टिकट दिया था। बीजेपी प्रत्याशी डॉ. अब्दुल सलाम को केवल 85,361 वोट मिले। जबकि यहाँ से जीतने वाले मुसलिम लीग के ई. टी. मोहम्मद बशीर को 6,44,006 वोट मिले। दूसरे स्थान पर सी.पी.एम. के वी. वसीफ को 3,43,888 वोट मिले। अब आप समझ सकते हैं कि मुसलिम बहुल सीट पर बीजेपी के मुसलिम प्रत्याशी को कितने वोट मिले।

बीजेपी प्रत्याशी डॉ. अब्दुल सलाम को केवल 85,361 वोट मिले। जबकि यहाँ से जीतने वाले मुसलिम लीग के ई. टी. मोहम्मद बशीर को 6,44,006 वोट मिले। दूसरे स्थान पर सी.पी. एम. के वी. वसीफ को 3,43,888 वोट मिले।

तिरुवनंतपुरम लोकसभा सीट पर बीजेपी ने केंद्रीय राज्य मंत्री राजीव चंद्रशेखर को प्रत्याशी बनाया था, जहाँ से पूर्व केंद्रीय मंत्री शशि थरूर सांसद हैं। यहाँ काँटे का मुकाबला हुआ, लेकिन एक बार फिर शशि थरूर ही जीतने में सफल रहे। हालाँकि शशि थरूर केवल 16 हजार वोट से ही जीत पाए। बीजेपी के लिए एटिंगल लोकसभा सीट भी महत्त्वपूर्ण थी। इस सीट को कांग्रेस के अडूर प्रकाश ने केवल 684 वोट से जीता और सी.पी.आई.एम. के वी. जॉय दूसरे स्थान पर व बीजेपी के प्रत्याशी और केंद्रीय मंत्री वी. मुरलीधरन तीसरे स्थान पर रहे। राज्य में कांग्रेस को 14 सीटें मिलीं। मुसलिम लीग को दो तथा सी.पी.आई.एम., बीजेपी, केरल कांग्रेस और आर.एस.पी. को एक-एक सीटें मिलीं। केरल के नतीजों को यहाँ लगातार दो बार से सत्ता में चल रही वामदलों की सरकार के लिए खतरे की घंटी के रूप में भी देखा जा रहा है। जबरदस्त एंटी इन्कमबेंसी सरकार के खिलाफ है। कहा जा रहा

है कि 2026 के विधानसभा चुनावों में यहाँ मुख्यमंत्री पी. विजयन को अपनी सरकार बचाए रखना कठिन होगा। केरल में बीजेपी का उभरना भी कम बड़ा संकेत नहीं है। बीजेपी का वोट शेयर राज्य में 16.68% हो गया है। कांग्रेस को 35.06% व सी.पी.एम. को 25.82% और सी.पी.आई. को 6.14% ही वोट मिले।

□

जाटलैंड-राजपुताना में बिगड़ा खेल

लोकसभा चुनाव 2024 के परिणामों के आलोक में इन दो राज्यों का विश्लेषण बहुत ही दिलचस्प है। दोनों ही राज्यों में बीजेपी की सरकारें थीं, फिर भी बीजेपी के सामने यहाँ 2019 का प्रदर्शन दोहराना संभव नहीं हो सका। दोनों ही राज्यों में बीजेपी ने पाँच साल पहले क्लीन स्वीप किया था। राजस्थान में एक सीट हनुमान बेनीवाल (नागौर) भी बीजेपी के समर्थन से जीते थे, बाकी सारी सीटें बीजेपी के खाते में गई थीं। जबकि हरियाणा की दस-की-दस सीटों पर भाजपा ने कब्जा जमाया था। 2014 में रोहतक से दीपेंदर हुड्डा जीत गए थे, लेकिन पाँच साल बाद वे भी हार गए। इस बार दोनों ही राज्यों में राजपूतों व जाटों की नाराजगी, किसान आंदोलन, पहलवान आंदोलन, आरक्षण, पेपर लीक जैसे मुद्दे चल रहे थे। साफ था कि नतीजे पर भी इसका असर दिखा।

राजस्थान

25 लोकसभा सीटों वाले राज्य में बीजेपी का एक रिकॉर्ड पिछले दो दशकों से रहा है कि विधानसभा चुनाव के नतीजे उसके समर्थन में हों या न हों, लेकिन लोकसभा चुनाव में बीजेपी यहाँ मजबूत रही है। 2018 में राजस्थान में कांग्रेस ने 200 में से 100 विस सीटें जीती थीं, लेकिन एक साल बाद हुए लोकसभा चुनाव में बीजेपी ने सारी 25 सीटें जीत लीं। खुद मुख्यमंत्री अशोक गहलोत अपने बेटे वैभव को नहीं जितवा पाए थे और गजेंद्र सिंह शेखावत ने उन्हें हरा दिया था। 2018 के विस चुनाव में बीजेपी

73 पर रुक गई थी। वसुंधरा राजे मुख्यमंत्री थीं और उनके खिलाफ न केवल जनता के बीच, बल्कि बीजेपी के भीतर भी एंटी इन्कमबेंसी थी। मोदी और अमित शाह नहीं चाहते थे कि वसुंधरा राजे के भरोसे ही बीजेपी राजस्थान में चलती रहे। इसलिए पाँच साल तक राजे को ज्यादा महत्त्व नहीं दिया गया। राजस्थान विस चुनाव, जो लोकसभा चुनाव से केवल छह महीने पहले हुए, में वसुंधरा के लोगों को टिकट तो मिले, लेकिन उन्हें मुख्यमंत्री बनाने के लिए कभी आश्वस्त नहीं किया गया। दिसंबर 2023 में राजस्थान विधानसभा चुनाव के नतीजे आए तो बीजेपी ने 115 सीटें जीतीं, जबकि कांग्रेस 69 पर अटक गई। कांग्रेस के इस प्रदर्शन के लिए पाँच साल तक मुख्यमंत्री अशोक गहलोत व सचिन पायलट के बीच चली खींचतान को भी जिम्मेदार माना जा सकता है। राजस्थान के लिए तो मीडिया यहाँ तक लिखने लगा था कि यहाँ कांग्रेस को सचिन के होते हुए विपक्ष की जरूरत ही नहीं है। कोरोनाकाल में तो डिप्टी सी.एम. सचिन पायलट ने बगावत कर दी थी और अपने समर्थक 19 विधायकों को साथ लेकर दिल्ली के पास एक रिजॉर्ट में एक महीने तक डेरा डालकर बैठ गए थे। सबको लगने लगा था कि कांग्रेस की सरकार कुछ ही दिन की मेहमान है, क्योंकि कोरोनाकाल के शुरू में ही मध्य प्रदेश में इसी प्रकार ज्योतिरादित्य सिंधिया ने कमलनाथ की सरकार को गिरा दिया था। लेकिन सचिन के पास विधायकों की संख्या पर्याप्त नहीं थी। दूसरे, अपने विधायकों पर गहलोत की पकड़ मजबूत थी। गहलोत ने राजस्थान में सचिन पायलट को खत्म करने की जैसे कसम सी खा ली थी। उन्होंने इसके लिए कांग्रेस हाईकमान की भी परवाह नहीं की। विस चुनाव से कुछ माह पहले गांधी परिवार ने अशोक

सबको लगने लगा था कि कांग्रेस की सरकार कुछ ही दिन की मेहमान है, क्योंकि कोरोनाकाल के शुरू में ही मध्य प्रदेश में इसी प्रकार ज्योतिरादित्य सिंधिया ने कमलनाथ की सरकार को गिरा दिया था। लेकिन सचिन के पास विधायकों की संख्या पर्याप्त नहीं थी। दूसरे, अपने विधायकों पर गहलोत की पकड़ मजबूत थी।

गहलोत को कांग्रेस का अध्यक्ष बनने की पेशकश भी की, लेकिन वे नहीं माने। और बाद में हुए औपचारिक चुनाव में मल्लिकार्जुन खड़गे ने शशि थरूर को हराकर पार्टी की कमान सँभाली। अध्यक्ष बनने से पहले खड़गे और अजय माकन दिल्ली से पर्यवेक्षक बनकर जयपुर गए थे। उनका इरादा था कि विधायकों की एक बैठक बुलाई जाए। उसमें सारे विधायक कहें कि वे सी.एम. पद का फैसला लेने के लिए सारे अधिकार केंद्रीय नेतृत्व को सौंपते हैं। और इसके बाद केंद्र से सचिन पायलट को सी.एम. बनाने पर मुहर लगा दी जाए। इत्तेफाक से गहलोत उस समय दिल्ली में थे। उन्होंने अपने समर्थक विधायकों को फोन कर दिया कि कोई भी इस बैठक में नहीं जाएगा। खड़गे व अजय माकन सारी रात विधायकों का इंतजार करते रहे, लेकिन कोई नहीं आया। बल्कि गहलोत समर्थक विधायकों ने स्पीकर के घर जाकर अपने सामूहिक इस्तीफे सौंप दिए। इन विधायकों की संख्या 90 के आसपास थी। यानी अधिकांश विधायक गहलोत की ओर थे। चुनाव की देहरी पर खड़े राज्य में कांग्रेस ने कोई जोखिम न उठाने का फैसला किया। अंत में हाईकमान ने गहलोत के सामने समर्पण कर दिया। उन्हीं के नेतृत्व में विस चुनाव लड़े गए और कांग्रेस सत्ता से बाहर हो गई।

लोकसभा चुनाव में भी कांग्रेस टीम बनाकर काम नहीं कर सकी। इसके बावजूद कांग्रेस को लोकसभा में आठ सीटों (गंगानगर, चुरु, झुंझुनू, भरतपुर, करौली-धौलपुर, दौसा, टोंक-सवाई माधोपुर और बाड़मेर) पर जीत मिली। बीजेपी ने 14 सीटें जीतीं, जबकि नागौर से हनुमान बेनीवाल अपने दम पर चुनाव जीतने में सफल रहे। इस बार बेनीवाल इंडिया ब्लॉक के सहयोगी बनकर चुनाव लड़े। सीकर की सीट पर सी.पी.आई.एम. के अमराराम जीते तो बाँसवाड़ा में भारत आदिवासी पार्टी के राजकुमार रोत ने बीजेपी के गहेंद्र जीत सिंह मालवीय को 247054 वोट से हराकर जीत हासिल की। इस चुनाव ने सभी को चौंकाया। यहाँ कांग्रेस चौथे स्थान पर खिसक गई, तीसरे स्थान पर एक अन्य निर्दलीय राजकुमार पहुँच गए। शायद राजकुमार नाम से मतदाता भ्रमित हो गए। जो लोग राजकुमार रोत को वोट देना चाहते थे, उनमें से कुछ ने निर्दलीय राजकुमार को वोट दे दिए। नहीं तो रोत की जीत और भी बड़ी हो

सकती थी। राजस्थान के चुनाव में राजकुमार रोत ने निश्चित रूप से इतिहास रचा।

अशोक गहलोत एक बार फिर अपने बेटे को चुनाव नहीं जितवा सके। इस बार वैभव गहलोत को जोधपुर के बजाय जालोर से लड़ाया गया, लेकिन नतीजा वही रहा। बीजेपी के लुंबाराम ने उन्हें दो लाख मतों के बड़े अंतर से हराया। अलबत्ता कांग्रेस ने 2019 के लोकसभा चुनाव के मुकाबले इस बार अपना मत प्रतिशत लगभग तीन प्रतिशत बढ़ाया। बीजेपी के लिए नतीजा निराशाजनक ही रहा। मुख्यमंत्री भजनलाल शर्मा की घरेलू जमीन पर भी बीजेपी को हार का सामना करना पड़ा। भरतपुर में कांग्रेस की युवा उम्मीदवार संजना जाटव ने बीजेपी के रामस्वरूप कोली को 51 हजार मतों से हरा दिया। इस आरक्षित सीट पर जीतने वाली संजना जाटव केवल 26 साल की हैं और मीडिया में उनके नाम की चर्चा खूब रही। राहुल गांधी व सचिन पायलट जैसे नेताओं ने संजना को सराहा भी। कांग्रेस का प्रदर्शन पूर्वी राजस्थान में बढ़िया रहा। कहा जा सकता है कि दस साल के बाद बीजेपी के इस मजबूत किले में सेंध लग सकी। कांग्रेस पिछले दोनों लोकसभा चुनावों में एक भी सीट नहीं जीत पाई थी। 2014 व 2019 में बीजेपी को क्रमशः 55.6%, 58.4% वोट मिले थे, लेकिन इस बार आँकड़ा 49.24% का रहा। मत प्रतिशत में बड़ी गिरावट का नतीजा यह रहा कि बीजेपी इस बार केवल 14 सीटें जीत सकी और इसका असर उसकी राष्ट्रीय तालिका पर साफ दिखा। उसे दस सीटों का घाटा राजपुताना से हुआ।

हरियाणा

जाटलैंड में बीजेपी के लिए इस प्रकार के नतीजे अपेक्षित थे। कृषि कानूनों के खिलाफ एक साल से भी लंबे समय तक चले किसान आंदोलन ने बीजेपी के लिए यहाँ डगर कठिन बना दी थी। इसके बाद 2023 में जंतर-मंतर पर चले पहलवानों के आंदोलन ने भी बीजेपी के लिए परेशानियां खड़ी कीं। ये आंदोलन तो सीधे हरियाणा से ही जुड़ा था। इस आंदोलन में तो मामला जाट बनाम ठाकुर हो गया था। यू.पी. के कैसरगंज के सांसद ब्रजभूषण शरण सिंह, जो कुश्ती संघ के अध्यक्ष थे, के खिलाफ हरियाणा के पहलवान

आंदोलनरत थे। आरोप था महिला पहलवानों के शोषण का। पहलवान सारे जाट और ब्रजभूषण राजपूत। एक तरफ हरियाणा की हुड्डा लॉबी, दूसरी तरफ यू.पी. बीजेपी। यह मामला एक तरह से यू.पी. बनाम हरियाणा भी बन गया था। दरअसल ब्रजभूषण ने दीपेंदर हुड्डा को हराकर ही कुश्ती संघ का चुनाव जीता था। पहलवान आंदोलन को पूर्व मुख्यमंत्री भूपिंदर सिंह हुड्डा का खुला समर्थन था और इससे हरियाणा की मनोहर लाल खट्टर सरकार बहुत ही असहज हो रही थी। खट्टर जब 2014 में सी.एम. बने थे तो भाजपा ने जाटलैंड में गैर-जाट (पंजाबी) को मुख्यमंत्री बनाकर एक प्रयोग किया था। यह प्रयोग पूरी तरह से सफल भी रहा। खट्टर का पहला कार्यकाल बहुत कामयाब रहा। खट्टर के नेतृत्व में ही बीजेपी ने 2019 का लोकसभा चुनाव भी लड़ा और दस-की-दस सीटें जीतीं। 2014 में रोहतक पर किसी तरह दीपेंदर हुड्डा जीत गए थे, लेकिन 2019 के चुनाव में कांग्रेस यह एकमात्र सीट भी हार गई। इसके बाद शुरू हुआ खट्टर के लिए मुश्किल का काल। 2019 के लोकसभा चुनाव के चंद माह बाद ही विधानसभा चुनाव हुए और बीजेपी बहुमत से दूर रह गई। उसे दस विधायकों वाली नई-नवेली पार्टी जननायक जनता पार्टी (जे.जे.पी.) से समर्थन लेना पड़ा। जे.जे.पी. को अजय चौटाला और उनके बेटे दुष्यंत चौटाला ने बनाया था। स्व. देवीलाल की पार्टी इंडियन नेशनल लोकदल (इनेलो) से अलग होकर यह पार्टी बनी थी। इनेलो को ओमप्रकाश चौटाला के बेटे अभय चौटाला चला रहे थे, लेकिन उनके भाई अजय चौटला की उनसे नहीं बनी और इसलिए जे.जे.पी. अस्तित्व में आई। 2019 लोकसभा चुनाव में जे.जे.पी. को ज्यादा सफलता नहीं मिली थी,

खट्टर जब 2014 में सी.एम. बने थे तो भाजपा ने जाटलैंड में गैर-जाट (पंजाबी) को मुख्यमंत्री बनाकर एक प्रयोग किया था। यह प्रयोग पूरी तरह से सफल भी रहा। खट्टर का पहला कार्यकाल बहुत कामयाब रहा। खट्टर के नेतृत्व में ही बीजेपी ने 2019 का लोकसभा चुनाव भी लड़ा और दस-की-दस सीटें जीतीं।

लेकिन विस चुनाव में इस पार्टी ने जाटों के मतों में सेंध लगाई और दस सीटें जीत लीं। बीजेपी को दूसरी बार सरकार बनाने के लिए जेजेपी का समर्थन लेना पड़ा। इस तरह बीजेपी ने हरियाणा में गैर–जाट 36 बिरादरियों को साथ लेकर चलने का जो विमर्श बनाया था, वो कमजोर पड़ गया। दुष्यंत चौटाला को डिप्टी सी.एम. बनाना पड़ा।

राजनीतिक विश्लेषकों का मानना था कि यह गठबंधन अव्यावहारिक था, क्योंकि दोनों एक–दूसरे के खिलाफ चुनाव लड़े थे और आने वाले चुनाव में दोनों का साथ मिलकर चुनाव लड़ना संभव नहीं था। बीजेपी लोकसभा व विस, दोनों चुनाव में उतनी सीटें जेजेपी को नहीं दे सकती थी जितनी वे चाहते थे। इसलिए लोकसभा चुनाव से पहले यह गठबंधन टूट गया। 2024 लोकसभा चुनाव में जाने से पहले बीजेपी ने अलोकप्रिय हो चले मनोहर लाल खट्टर को सी.एम. पद से हटा दिया। उनकी जगह ओबीसी चेहरे व बीजेपी के प्रदेश अध्यक्ष नायब सिंह सैनी को सी.एम. बनाया गया। हालाँकि संदेश यही गया कि खट्टर के नियंत्रण में ही हरियाणा सरकार रहेगी। खट्टर को करनाल से लोकसभा का प्रत्याशी भी घोषित कर दिया गया। हरियाणा में लोकसभा चुनाव से पहले दल बदलने का सिलसिला भी खूब चला। कांग्रेस के पूर्व अध्यक्ष अशोक तँवर बीजेपी में आ गए थे। बीजेपी के हिसार से सांसद व पूर्व आई.ए.एस. बृजेंद्र सिंह कांग्रेस में चले गए। कुरुक्षेत्र से कांग्रेस के पूर्व सांसद व जिंदल स्टील्स के मालिक नवीन जिंदल ने अपनी माँ व सम्मानित सामाजिक कार्यकर्ता सावित्री जिंदल के साथ बीजेपी में एंट्री की। उनकी माँ कांग्रेस से विधायक रह चुकी हैं। हिसार लोकसभा सीट के लिए बीजेपी ने निर्दलीय विधायक

2024 लोकसभा चुनाव में जाने से पहले बीजेपी ने अलोकप्रिय हो चले मनोहर लाल खट्टर को सी.एम. पद से हटा दिया। उनकी जगह ओबीसी चेहरे व बीजेपी के प्रदेश अध्यक्ष नायब सिंह सैनी को सी.एम. बनाया गया। हालाँकि संदेश यही गया कि खट्टर के नियंत्रण में ही हरियाणा सरकार रहेगी।

रणजीत चौटाला को अपनी तरफ मिलाया, लेकिन कोई भी दलबदल कामयाब नहीं हुआ।

हरियाणा का लोकसभा चुनाव ऐसा हुआ कि कोई भी यह कहने की स्थिति में नहीं था कि किस सीट पर कौन जीतेगा। सभी जगह कांग्रेस व बीजेपी में टक्कर थी। इंडिया ब्लॉक की सदस्य होने के कारण आम आदमी पार्टी को कुरुक्षेत्र की सीट हुड्डा ने दे दी थी। हालाँकि शुरू में पूर्व सी.एम. हुड्डा आम आदमी पार्टी को सीट नहीं देना चाहते थे, लेकिन इंडिया ब्लॉक में आ जाने के बाद केजरीवाल ने अपने राज्यसभा सांसद सुशील गुप्ता के लिए यह सीट माँग ली थी। फिर तीन लोकसभा सीटें केजरीवाल ने दिल्ली में कांग्रेस के लिए छोड़ दी थी। चार जून को नतीजा आया तो अंबाला (सु), सिरसा (सु), हिसार, सोनीपत और रोहतक कांग्रेस के हिस्से में आईं और कुरुक्षेत्र, करनाल, भिवानी–महेंद्रगढ़, गुड़गाँव और फरीदाबाद बीजेपी के हिस्से में आई। सबसे बड़ी जीत मनोहर लाल खट्टर को करनाल में मिली। उन्होंने कांग्रेस के दिव्यांशु बुद्धिराजा को 232577 मतों से हराया। कांग्रेस ने रोहतक की सीट 3.45 और सिरसा की सीट 2.68 लाख मतों से जीती। दीपेंदर हुड्डा को रोहतक में 7.83 लाख वोट मिले। बीजेपी के राव इंदरजीत ने गुरुग्राम में आठ लाख से अधिक वोट पाए। हरियाणा की राजनीति ने ऐसी करवट ली है कि इसके आधार पर भविष्य की राजनीति का कोई अनुमान फिलहाल नहीं लगाया जा सकता। 2024 के अंत में होने वाले विधानसभा चुनाव ही यह तय करेंगे कि जाटलैंड इस बार किस ओर जाने वाला है। □

भगवा लहर के साक्षी बने काउ स्टेट्स

तमिलनाडु की सत्ताधारी पार्टी डी.एम.के. के नेता उदयनिधि स्टालिन (सी.एम. करुणनिधि के बेटे व राज्य सरकार के मंत्री) ने सनातन धर्म को खत्म करने की बात कही और कुछ नेताओं ने यहाँ तक कह दिया कि जो लोग गाय का मूत्र पीते हैं (काउ स्टेट्स), केवल उन्हीं राज्यों में बीजेपी रहेगी। और यह बात सही साबित हुई। बीजेपी को इस बार हिंदुत्व के मुद्दे पर वोट नहीं मिला, विपक्ष के इस नैरेटिव को इन राज्यों ने पूरी तरह से ध्वस्त कर दिया। तमाम समस्याओं व दिक्कतों के बावजूद इन राज्यों ने बीजेपी के हिंदुत्व के मुद्दे को सर्वोपरि रखा और खुलकर भगवा पार्टी के समर्थन में आए। गुजरात, मध्य प्रदेश, छत्तीसगढ़, उत्तराखंड और हिमाचल प्रदेश जैसे राज्यों की बदौलत ही बीजेपी का आँकड़ा 240 तक पहुँच पाया। इन राज्यों में बीजेपी ने एकतरफा जीत हासिल की। इन राज्यों में बीजेपी ने 2019 में भी बड़ी सफलता हासिल की थी। फर्क केवल इतना था कि पाँच साल पहले बीजेपी मध्य प्रदेश में एक सीट कम जीती थी। वह सीट भी इस बार बीजेपी ने जीत ली। हालाँकि इस बार उसकी एक सीट गुजरात में घट गई।

गुजरात

प्रधानमंत्री नरेंद्र मोदी और अमित शाह के राज्य में बीजेपी की एक सीट कम हो गई, इससे राहुल गांधी व कांग्रेसी इतने जोश में भर गए कि उन्होंने लोकसभा में नेता प्रतिपक्ष के रूप में अपनी पहली ही स्पीच में यह दावा

कर दिया कि हम इस बार गुजरात में विस का चुनाव भी जीतने जा रहे हैं। वैसे बीजेपी ने विधानसभा में गुजरात में कांग्रेस को 1985 के बाद से जीतने नहीं दिया है। इस बार 26 लोकसभा सीटों में से एक सीट कांग्रेस के हिस्से में आ गई। ऐसा नहीं हुआ होता तो यह लगातार तीसरा चुनाव होता, जब बीजेपी यहाँ लोकसभा चुनाव में क्लीन स्वीप कर देती। एक दशक के बाद कांग्रेस ने बनासकांठा की लोकसभा सीट बीजेपी से निकाल ली। यहाँ से जेनीबेन ठाकोर ने जीत हासिल की। वैसे गुजरात में बीजेपी ने लोकसभा चुनावों के लिए मतदान शुरू होने से पहले ही सूरत लोकसभा सीट निर्विरोध जीत ली थी। ऐसा पहली बार देखने को मिला। कांग्रेस प्रत्याशी का नामांकन निरस्त हो गया और मैदान में कोई प्रत्याशी ही नहीं बचा तो पर्चों की जाँच के समय ही बीजेपी के मुकेश दलाल को निर्विरोध निर्वाचित घोषित कर दिया गया।

वैसे गुजरात में बीजेपी ने लोकसभा चुनावों के लिए मतदान शुरू होने से पहले ही सूरत लोकसभा सीट निर्विरोध जीत ली थी। ऐसा पहली बार देखने को मिला। कांग्रेस प्रत्याशी का नामांकन निरस्त हो गया और मैदान में कोई प्रत्याशी ही नहीं बचा तो पर्चों की जाँच के समय ही बीजेपी के मुकेश दलाल को निर्विरोध निर्वाचित घोषित कर दिया गया।

गुजरात में बीजेपी ने अपने मत प्रतिशत को 62.21% से 62.5% पर पहुँचा लिया। कांग्रेस का वोट शेयर 32.11% से 31.46% पर आ गया। फर्क केवल इतना था कि कांग्रेस ने 2019 में सभी लोकसभा सीटों पर अपने प्रत्याशी उतारे थे, जबकि इस बार उसने दो सीटें, भावनगर और भरूच, आम आदमी पार्टी को दे दी थीं। केंद्रीय गृह मंत्री अमित शाह ने गांधी नगर से ऐतिहासिक जीत हासिल की। उन्होंने कांग्रेस की सोनल रमनभाई पटेल को 7,44,716 वोटों से हराया। हालाँकि यहाँ बीजेपी ने लक्ष्य बनाया था कि उन्हें दस लाख वोट दिलवाएँगे और कम-से-कम आठ लाख मतों से जीत हासिल कराएँगे, लेकिन ऐसा हुआ नहीं। इस चुनाव में ऐसे बहुत से लक्ष्य बीजेपी ने तय किए थे, जिन्हें वह

हासिल नहीं कर पाई। अलबत्ता बीजेपी के प्रदेश अध्यक्ष सी.आर. पाटिल ने अपना ही रिकॉर्ड ध्वस्त करते हुए 7.73 लाख मतों से नवसारी लोकसभा सीट जीती। बीजेपी के लिहाज से मध्य प्रदेश में विदिशा से शिवराज सिंह चौहान के बाद यह दूसरी सबसे बड़ी जीत थी।

मध्य प्रदेश

बीजेपी के लिए संगठनात्मक रूप से सबसे मजबूत राज्य माने जाने वाले मध्य प्रदेश में मतदाता से 2018 के विस चुनाव में जो गलती हो गई थी, उसे उसने दोहराया नहीं। शिवराज सिंह चौहान के नेतृत्व में बीजेपी ने यहाँ 2023 के विस चुनाव में प्रचंड जीत हासिल की थी और कांग्रेस की वापसी के पूर्वानुमानों को चूर-चूर कर दिया था। इसका सबसे बड़ा श्रेय तत्कालीन सी.एम. शिवराज सिंह चौहान को ही दिया गया, लेकिन इसके बावजूद बीजेपी ने यहाँ ओबीसी समीकरण को साधते हुए मोहन यादव को सी.एम. बनाया। लेकिन मतदाता पर इसका कोई विपरीत असर नहीं हुआ। लोकसभा चुनाव में बीजेपी ने यहाँ क्लीन स्वीप कर दिया। 2019 में छिंदवाड़ा सीट से उस समय के कांग्रेसी मुख्यमंत्री कमलनाथ के बेटे नकुलनाथ जीत गए थे, लेकिन इस बार यह सीट भी कांग्रेस के हाथ से निकल गई। सभी 29 सीटें भगवा पार्टी की झोली में आईं। इस तरह का प्रदर्शन बीजेपी ने यहाँ कभी नहीं किया। नए-नवेले सी.एम. मोहन यादव के लिए यह जीत एक बड़ी उपलब्धि साबित हुई। इस राज्य में कांग्रेस कभी जीरो पर नहीं गई। यहाँ तक कि 1977, 2014 या 2019 में भी नहीं।

इंदौर में कांग्रेस प्रत्याशी ने अंतिम समय में अपना नाम वापस लेकर ये सीट बीजेपी की झोली में डाल दी। यहाँ 2.18 लाख वोट नोटा पर पड़े। छिंदवाड़ा लोकसभा सीट 45 साल से कमलनाथ का गढ़ बनी हुई थी। यहाँ से इस बार उनके सांसद बेटे नकुलनाथ बीजेपी के विवेक बंटी साहू से 1.13 लाख मतों से हार गए। कुछ दिन पहले यहाँ बीजेपी के अध्यक्ष जे.पी. नड्डा ने रैली में कहा भी था—बदल गया जमाना, अब छिंदवाड़ा को बदल डालो। छिंदवाड़ा के लिए बीजेपी ने पाँच साल तक काम किया। भौगोलिक

दृष्टि से देखें तो यहाँ से आरएसएस नागपुर स्थित मुख्यालय मुश्किल से सौ किमी. दूर है। 1980 के चुनाव में जब इंदिरा गांधी ने यहाँ से कमलनाथ को मैदान में पहली बार उतारा था तो उन्हें अपना तीसरा बेटा कहकर संबोधित किया था। कमलनाथ यहाँ स्वयं केवल एक बार (1997) एक उपचुनाव में हारे थे, जब उन्हें पूर्व मुख्यमंत्री सुंदर लाल पटवा ने 37,680 वोटों से हरा दिया था। अगले ही साल फिर चुनाव हुए और कमलनाथ ने पटवा को डेढ़ लाख मतों से हरा दिया। उपचुनाव इसलिए हुआ था, क्योंकि 1996 में जीतने वाली उनकी पत्नी अलका नाथ का नाम हवाला घोटाले में आ गया था और उनका टिकट काट दिया गया था। कमलनाथ के सी.एम. बनने के बाद यह सीट बेटे नकुलनाथ के पास चली गई। हालाँकि कमलनाथ के नेतृत्व में 2018 में बनी कांग्रेस की सरकार मुश्किल से डेढ़ साल ही चली और ज्योतिरादित्य सिंधिया के बीजेपी जॉइन करने के साथ ही उनकी सरकार 2020 में गिर गई।

विदिशा से पूर्व सी.एम. शिवराज सिंह चौहान 8,21,408 मतों से जीते। उन्हें 11,16,460 वोट मिले, जो पूरे देश में बीजेपी की दृष्टि से एक रिकॉर्ड है। उन्होंने कांग्रेस के प्रतापभानु शर्मा को हराया। इसलिए शिवराज सिंह चौहान को केंद्र में कृषि मंत्री पद से नवाजा गया।

बाद में सिंधिया बीजेपी में गए, राज्यसभा सांसद बने और केंद्रीय मंत्री भी। पर सिंधिया ने राज्यसभा छोड़कर इस बार फिर गुना से भाग्य आजमाया और फिर लोकसभा में पहुँच गए। विदिशा से पूर्व सी.एम. शिवराज सिंह चौहान 8,21,408 मतों से जीते। उन्हें 11,16,460 वोट मिले, जो पूरे देश में बीजेपी की दृष्टि से एक रिकॉर्ड है। उन्होंने कांग्रेस के प्रतापभानु शर्मा को हराया। इसलिए शिवराज सिंह चौहान को केंद्र में कृषि मंत्री पद से नवाजा गया। मामा के रूप में मशहूर चौहान अब बीजेपी के राष्ट्रीय स्तर पर सबसे विश्वसनीय नेता के रूप में स्थापित हो गए हैं। भाजपा का मत प्रतिशत यहाँ 59.20% पर पहुँच गया। कांग्रेस बहुत दूर, 32.44% पर रुक गई।

छत्तीसगढ़

मध्य प्रदेश से अलग होकर बने इस छोटे से राज्य ने भी बीजेपी की झोली भर दी। इसके मतदाताओं ने भी कुछ उसी प्रकार मतदान किया, जैसे मध्य प्रदेश के वोटर्स ने किया। हालाँकि इस बार अंतर ये था कि पाँच साल पहले यहाँ कांग्रेस की भूपेश बघेल की सरकार थी और इस बार लोकसभा चुनाव से कुछ महीने पहले यहाँ बीजेपी की सरकार बन चुकी थी। 11 लोकसभा सीटों वाले इस छोटे से राज्य ने 2019 में भगवा पार्टी को नौ सीटें दी थीं, जो 2014 से एक कम थी, लेकिन इस बार इसने दस सीटें बीजेपी की तालिका में जोड़ दीं। वोट शेयर 51.4% से 52.6% पर पहुँच गया। वैसे छत्तीसगढ़ ने बीजेपी को 2004, 2009, 2014 में भी दस-दस सीटें दीं। इस बार कोरबा सीट कांग्रेस को मिली। इस सीट की चर्चा तो जरूर होगी। यहाँ से बीजेपी की राज्यसभा सांसद व हाईप्रोफाइल नेत्री सरोज पांडेय को टिकट दिया गया था। कई राज्यसभा सांसदों को लोकसभा चुनाव लड़ाने का जो विचार इस बार बीजेपी ने आजमाया, सरोज पांडेय का टिकट भी उसी श्रेणी में शामिल था। सरोज पांडेय को कांग्रेस की ज्योत्सना चरणदास महंत ने 43,283 मतों से हराया। ज्योत्सना यहाँ की सिटिंग सांसद थीं और उन्हें हराने के लक्ष्य के साथ ही सरोज पांडेय पर दाँव खेला गया था। ज्योत्सना 2019 में भी 26 हजार वोट से ही जीती थीं। छत्तीसगढ़ की चार लोकसभा सीटें (सरगुजा, रायगढ़, बस्तर और कांकेर) आदिवासियों के लिए आरक्षित हैं। बस्तर सीट पिछले चुनाव में कांग्रेस ने जीती थी, लेकिन इस बार ये भी बीजेपी के खाते में आ गई। नए-नवेले मुख्यमंत्री विष्णु देव साय के लिए ये अच्छे संकेत हैं। आदिवासी इलाकों में बीजेपी की सफलता का श्रेय इसलिए भी विष्णु देव को दिया जा

छत्तीसगढ़ की चार लोकसभा सीटें (सरगुजा, रायगढ़, बस्तर और कांकेर) आदिवासियों के लिए आरक्षित हैं। बस्तर सीट पिछले चुनाव में कांग्रेस ने जीती थी, लेकिन इस बार ये भी बीजेपी के खाते में आ गई। नए-नवेले मुख्यमंत्री विष्णु देव साय के लिए ये अच्छे संकेत हैं।

सकता है, क्योंकि वे स्वयं आदिवासी समाज से आते हैं। बीजेपी ने पहली बार किसी आदिवासी को छत्तीसगढ़ का सी.एम. बनाया। नक्सल प्रभावित बस्तर में बीजेपी ने दिसंबर 2023 में हुए विधानसभा चुनाव के समय से ही अपना असर दिखा दिया था। यहाँ से बीजेपी के महेश कश्यप ने बघेल सरकार के मंत्री कवासी लखमा को 55 हजार मतों के भारी अंतर से हराया था। कहा तो यह भी जा रहा है कि बस्तर इलाके में बीजेपी को सफलता इसलिए भी मिली, क्योंकि यहाँ नक्सलियों के खिलाफ केंद्रीय सुरक्षा बलों ने लोकसभा चुनाव से पहले और बीजेपी सरकार बनने के बाद बड़ा अभियान चलाया है। इसमें 118 नक्सली ढेर किए गए। पूर्व मुख्यमंत्री भूपेश बघेल भी राजनांदगाँव सीट से किस्मत आजमा रहे थे, लेकिन बीजेपी के संतोष पांडेय ने उन्हें 44,411 मतों से हरा दिया। संतोष पांडेय यहाँ के सिटिंग सांसद थे और बघेल उनसे हार जाएँगे, ऐसा कम-से-कम राहुल गांधी को तो नहीं लगा होगा? विस चुनाव में जीत के बाद सी.एम. पद के प्रबल दावेदारों में से एक गिने जा रहे ब्रजमोहन अग्रवाल ने राजधानी रायपुर से 5.75 लाख की बड़ी जीत दर्ज की। वैसे छत्तीसगढ़ राज्य की सीमाएँ मध्य प्रदेश और ओडिशा, दोनों से मिलती हैं और इन दोनों ही राज्यों में बीजेपी की सुनामी चल रही थी। उसका असर तो यहाँ भी दिखना ही था।

उत्तराखंड

देवभूमि उत्तराखंड में बीजेपी ने अपना एकच्छत्र राज कायम रखा। एक बार फिर पाँचों सीटों पर जीत हासिल की। लगातार तीसरी बार उत्तराखंड ने बीजेपी को पाँचों सीटें दी हैं। वैसे पाँच सीटें बीजेपी ने जीतीं जरूर, लेकिन उसका वोट शेयर इस बार कम हुआ। पाँच साल पहले उसे 61.7% वोट मिले थे तो इस बार 56.81% मिले। कांग्रेस का वोट शेयर मामूली सी बढ़त के साथ 31.7% से 32.8% पर आ गया। उत्तराखंड में कोरोनाकाल से कुछ समय पहले बीजेपी ने मुख्यमंत्रियों को बदलने का सिलसिला चलाया था। चार धाम ट्रस्ट बनाने के कारण देवभूमि के पुरोहितों के निशाने पर आए त्रिवेंद्र सिंह रावत को हटाया गया था। फिर तीरथ सिंह रावत को सी.एम. बनाया

गया था, लेकिन अंत में 2022 के विस चुनाव से पहले पुष्कर सिंह धामी को कमान सौंप दी गई थी। बीजेपी के प्रति एंटी इन्कमबेंसी होने के बाद भी धामी यहाँ सरकार बनाने में सफल रहे थे। इतना सब होने के बाद भी त्रिवेंद्र सिंह रावत को इस बार हरिद्वार लोकसभा सीट से चुनाव लड़ाया गया। उनके सामने कांग्रेस के दिग्गज नेता व पूर्व सी.एम. हरीश रावत के बेटे वीरेंद्र रावत को उतारा गया था, लेकिन त्रिवेंद्र रावत ने 1,64,056 मतों के अंतर से जीत हासिल की। टिहरी गढ़वाल से माला राज्य लक्ष्मी शाह, गढ़वाल से अनिल बलूनी, अल्मोड़ा से अजय टम्टा और नैनीताल उधम सिंह नगर से अजय भट्ट ने जीत हासिल की।

हिमाचल प्रदेश

पहाड़ी राज्य हिमाचल प्रदेश में हालात उत्तराखंड से अलग थे। यहाँ कांग्रेस की सुक्खू सरकार थी और इस बार ऐसा लग रहा था कि बीजेपी पिछली बार की तरह चारों सीटों को तो शायद नहीं जीत पाएगी। लेकिन कांग्रेस में अंदरूनी अंतर्कलह सामने आ गई।

पहाड़ी राज्य हिमाचल प्रदेश में हालात उत्तराखंड से अलग थे। यहाँ कांग्रेस की सुक्खू सरकार थी और इस बार ऐसा लग रहा था कि बीजेपी पिछली बार की तरह चारों सीटों को तो शायद नहीं जीत पाएगी। लेकिन कांग्रेस में अंदरूनी अंतर्कलह सामने आ गई। बीजेपी ने यहाँ भी लगातार तीसरी बार सारी सीटें जीतीं। लोकसभा चुनाव से पहले ही राज्यसभा की एक सीट के चुनाव के समय सुखविंदर सिंह सुक्खू की सरकार गिरते-गिरते बची। कांग्रेस ने वरिष्ठ अधिवक्ता अभिषेक मनु सिंघवी को प्रत्याशी बनाया, लेकिन बीजेपी ने नंबर न होते हुए भी अपने प्रत्याशी हर्ष महाजन को जितवा दिया। दोनों को बराबर वोट मिले और चुनाव आयोग के निर्देश पर परची डालकर महाजन विजयी घोषित किए गए। कांग्रेस के कई विधायकों ने क्रॉस वोटिंग की। यहाँ लोकसभा चुनाव के साथ-साथ चार विधानसभा सीटों का उपचुनाव भी हुआ। चारों लोकसभा सीटों में सबसे

ज्यादा सुर्खियाँ बटोरने वाला चुनाव मंडी लोकसभा सीट का रहा। फिल्म अभिनेत्री कंगना रनौत, जो मंडी की ही रहने वाली हैं, को बीजेपी ने टिकट देकर सबको चौंका दिया। कंगना काफी समय से बीजेपी के समर्थन में खड़ी नजर आ रही थीं। कंगना को रोकने के लिए कांग्रेस ने पूर्व मुख्यमंत्री स्व. वीरभद्र सिंह के बेटे और हिमाचल सरकार में मंत्री विक्रमादित्य सिंह को मैदान में उतारा। हालाँकि विक्रम के मुख्यमंत्री सुक्खू के साथ संबंध बहुत खराब थे। सिंघवी की राज्यसभा सीट पर हार के समय तो विक्रमादित्य ने इस्तीफा ही दे दिया था। उनकी माँ प्रतिभा सिंह कांग्रेस की प्रदेश अध्यक्ष हैं, ऐसे में विक्रमादित्य के टिकट का विरोध सुक्खू नहीं कर पाए। प्रतिभा ने नई दिल्ली में कांग्रेस हाईकमान से बेटे का टिकट करा दिया। कंगना ने विक्रमादित्य को पूरी सरकारी सपोर्ट के बावजूद 74755 वोटों से हरा दिया। काँगड़ा से डॉ. राजीव भारद्वाज, हमीरपुर से अनुराग ठाकुर और शिमला से सुरेश कुमार कश्यप ने जीत हासिल की। पूर्व केंद्रीय मंत्री अनुराग ठाकुर लगातार पाँचवीं बार सांसद बने। हालाँकि उन्हें केंद्रीय मंत्रिमंडल में शामिल न किया जाना खबरों में बना रहा। कुछ लोगों का मानना है कि ठाकुर को बीजेपी हिमाचल प्रदेश के मुख्यमंत्री के रूप में तैयार कर रही है।

□

जय जगन्नाथ

लोकसभा चुनाव 2024 का जिक्र होगा तो ओडिशा के चुनाव को ऐतिहासिक परिदृश्य से देखा जाएगा। विधानसभा चुनाव की दृष्टि से यहाँ दो दशक बाद सत्ता में बदलाव हुआ और नवीन पटनायक, जिन्हें समय-समय पर देश का मिजाज बताने वाले सर्वे बेस्ट सी.एम. के खिताब से कई बार नवाज चुके हैं, को मुख्यमंत्री की कुरसी छोड़नी पड़ी। लोकसभा चुनाव में भी बीजेपी ने क्लीन स्वीप किया। ओडिशा में लोकसभा चुनाव और विधानसभा चुनाव साथ-साथ हुए, नतीजे वैसे ही आए जैसे आंध्र प्रदेश में। आंध्र प्रदेश में बीजेपी को चंद्रबाबू नायडू व पवन कल्याण की पार्टियों के साथ मिलकर सफलता मिली, लेकिन ओडिशा में तो अपने दम पर ही बीजेपी ने बीजू जनता दल के दो दशक के राज को खत्म कर दिया।

पहले बात लोकसभा चुनाव की। 2014 से शुरू हुए मोदी काल के पहले लोकसभा चुनाव में बीजेपी ने ओडिशा में केवल एक लोकसभा सीट जीती थी और बीजद को बाकी 20 सीटें मिली थीं। दस साल बाद कहानी देखिए, कैसे पलटी। 20 सीटें भाजपा को मिलीं और एक सीट कांग्रेस के हिस्से में आई। बीजद पूरी तरह से साफ हो गई। 2019 में भी कांग्रेस को एक सीट मिली थी, लेकिन बीजेपी ने 8 और बीजद ने 12 सीटें जीती थीं। 2014 में जो एकमात्र सीट बीजेपी ने जीती थी, वह थी सुंदरगढ़ की। जुएल ओराम यहाँ से जीते थे और बीजद प्रत्याशी व हॉकी खिलाड़ी दिलीप टर्की को हराया था। आदिवासी समाज से आने वाले ओराम को मोदी सरकार में आदिवासी मामलों का मंत्री भी बनाया गया था। ओराम बीजेपी के सबसे बड़े नेता थे

राज्य में। पाँच साल बाद भी सुंदरगढ़ से ओराम जीते, लेकिन इस बार 2.23 लाख मतों के भारी अंतर से उन्होंने सुनीता बिस्वाल को हराया। इसके अलावा बीजेपी ने बरगढ़, संबलपुर, मयूरभंज, बालासोर, बोलांगिर, कालाहाँडी व भुवनेश्वर की सीट भी जीत ली थी। 2019 में भुवनेश्वर, राज्य की राजधानी, सीट की जीत ने बीजेपी के हौसले को बहुत बढ़ा दिया। खास बात यह थी कि 2019 में बीजेपी नबरंगपुर लोकसभा सीट को छोड़कर सभी जगह दूसरे नंबर पर रही। बीजद की टक्कर में केवल बीजेपी खड़ी थी। कांग्रेस को केवल कोरापट की आदिवासी सुरक्षित सीट ही मिली। 2019 में हुए विस चुनाव में भाजपा नंबर दो की ताकत बनने में भी सफल रही। 147 सीट वाली विधानसभा में 74 सीटों की जरूरत होती है बहुमत के लिए। नवीन पटनायक को 112 और भाजपा को 23 सीटें मिलीं। कांग्रेस केवल 9 सीटों तक ही सिमट गई। 2019 के लोकसभा–विधानसभा चुनाव से ही यह साफ हो गया था कि ओडिशा में अब बीजेपी बड़ी ताकत बन चुकी है और नवीन पटनायक को सत्ता से बाहर करने की क्षमता अब कांग्रेस में नहीं रही। और यही हुआ भी।

खास बात यह थी कि 2019 में बीजेपी नबरंगपुर लोकसभा सीट को छोड़कर सभी जगह दूसरे नंबर पर रही। बीजद की टक्कर में केवल बीजेपी खड़ी थी। कांग्रेस को केवल कोरापट की आदिवासी सुरक्षित सीट ही मिली। 2019 में हुए विस चुनाव में भाजपा नंबर दो की ताकत बनने में भी सफल रही।

2024 के चुनाव के समय नवीन पटनायक की सेहत को लेकर बहुत सी खबरें चल रही थीं। ओडिशा कैडर के तमिलियन आई.ए.एस. अधिकारी वी.के. पांडियन के भरोसे सरकार चल रही है, यह मीडिया में भी आने लगा था। पांडियन को पटनायक के पाँचवें कार्यकाल में कैबिनेट मंत्री का दर्जा दे दिया गया था। वे नवीन पटनायक के निजी सचिव भी रहे 12 साल तक। इस बार पांडियन को जँच रहा था कि बीजेपी पूरी ताकत के साथ चुनाव लड़ने वाली है। पांडियन ने पटनायक को एक बार और सी.एम. बनाने के

लिए बीजेपी से दोस्ती का हाथ बढ़ाया। वैसे भी पिछले दस साल में बीजू जनता दल का लोकसभा व राज्यसभा में बीजेपी के साथ दोस्ताना व्यवहार रहा था। कई बिल इनकी सहायता से एन.डी.ए. सरकार ने पास कराए। बिना एन.डी.ए. में शामिल हुए भी नवीन पटनायक केंद्र सरकार का हिस्सा ही थे। उन्होंने कभी भी ममता बनर्जी की तरह लकीर नहीं खींची मोदी के साथ। पी.एम. के साथ सी.एम. का प्रोटोकॉल क्या होता है, इसे के.सी. आर. की तरह कभी नजरअंदाज भी नहीं किया। यह सब कुछ पांडियन की वजह से ही हो पा रहा था। पांडियन को लगा कि इस बार बीजेपी शायद अकेले भी सरकार बना ले, इसलिए उन्होंने दिल्ली आकर बीजेपी के कुछ शीर्ष नेताओं से मुलाकात भी की। लेकिन ओडिशा से आने वाले केंद्रीय मंत्री धर्मेंद्र प्रधान ने ऐसा होने नहीं दिया। उन्होंने नरेंद्र मोदी और अमित शाह को आश्वस्त कर दिया कि हमें अकेले ही जाने में फायदा है, और नतीजे सामने हैं। प्रधान राज्यसभा में थे, लेकिन इस बार संबलपुर से लोकसभा का चुनाव लड़े और जीते भी। लोकसभा की तो 20 सीटें बीजेपी ने जीतीं ही, साथ ही विधानसभा में भी 78 सीट जीतकर स्पष्ट बहुमत हासिल कर लिया। बीजद को 51, कांग्रेस को 14, निर्दलियों को 3 व सी.पी.आई.एम. को एक सीट मिली।

बीजेपी ने ओडिशा के चुनाव में कई मुद्दों को जोर-शोर से उठाया। पुरी के जगन्नाथ मंदिर के रत्न भंडार पर बरसों से तालाबंदी के मुद्दे को बीजेपी ने हिंदुओं की भावनाओं से जोड़ते हुए नवीन पटनायक पर हमला किया। इसका कोई जवाब पांडियन के पास नहीं था।

बीजेपी ने ओडिशा के चुनाव में कई मुद्दों को जोर-शोर से उठाया। पुरी के जगन्नाथ मंदिर के रत्न भंडार पर बरसों से तालाबंदी के मुद्दे को बीजेपी ने हिंदुओं की भावनाओं से जोड़ते हुए नवीन पटनायक पर हमला किया। इसका कोई जवाब पांडियन के पास नहीं था। इसके अलावा चुनाव प्रचार के समय एक वीडियो बहुत वायरल हुआ, जिसमें मंच पर बोलते समय नवीन पटनायक का हाथ काँपता हुआ नजर आ रहा है और पांडियन उनके हाथ

को छिपा देते हैं, लेकिन कैमरा इस क्षण को कैद करने में सफल रहा। इस घटनाक्रम ने पांडियन को एक तरह से खलनायक की तरह पेश कर दिया और चुनाव के बाद पांडियन ने राजनीति से संन्यास लेकर वापस तमिलनाडु लौट जाने का ऐलान भी कर दिया। ओडिशा की जीत बीजेपी के लिए कितने मायने रखती है, इसका अनुमान आप इसी से लगा सकते हैं कि 4 जून, 2024 की शाम को जब दिल्ली में बीजेपी मुख्यालय पर जीत का जश्न मनाया गया तो नरेंद्र मोदी ने अपने संबोधन की शुरुआत 'जय जगन्नाथ' के उद्घोष से की। ओडिशा में धर्मेंद्र प्रधान को मुख्यमंत्री बनाए जाने की चर्चा थी, लेकिन उन्हें मोदी ने केंद्र की राजनीति में ही रखा और संथाल आदिवासी वर्ग से आने वाले मोहन चरण माझी को इस आदिवासी बहुल राज्य का सी.एम. बनाया। इससे पहले बीजेपी ने छत्तीसगढ़ में एक आदिवासी को मुख्यमंत्री बनाया था। इस तरह ओडिशा बीजेपी के खाते में एक नए मजबूत राज्य के रूप में जुड़ गया है।

□

असम और उत्तर-पूर्व

देश की राजनीति के संदर्भ में उत्तर-पूर्व के राज्यों को ज्यादा महत्त्व नहीं दिया जाता। नरेंद्र मोदी ने 10 साल के अपने कार्यकाल में इस धारणा को पूरी तरह से बदल दिया कि नॉर्थ-ईस्ट भारत का हिस्सा ही नहीं है। यह तथ्य किसी से छिपा नहीं है कि मोदी जितनी बार इन छोटे-छोटे राज्यों, खासतौर से सेवन सिस्टर्स स्टेट का दौरा कर चुके हैं, उतनी बार तो आजादी के बाद से सारे प्रधानमंत्री भी इन राज्यों में नहीं गए। इसका फायदा भी भाजपा को मिला। बीजेपी ने अरुणाचल प्रदेश, मणिपुर, त्रिपुरा, असम जैसे राज्यों में सरकारें बनाई हैं और कुछ में तो दो-दो बार बनाई हैं। यही नहीं, इन राज्यों में आज बीजेपी इस स्थिति में है कि वहाँ एन.डी.ए. की मर्जी के बिना पत्ता नहीं हिलता है। इन राज्यों में सबसे अहम तो निश्चित रूप से असम है और वहाँ बीजेपी ने अपना वर्चस्व बनाकर रखा है। उत्तर-पूर्व के राज्यों की बात करें तो इन राज्यों की 17 लोकसभा सीटों (असम, अरुणाचल प्रदेश, मणिपुर, मेघालय, त्रिपुरा, मिजोरम, नागालैंड और सिक्किम) पर बीजेपी चुनाव लड़ी और केवल चार पर उसे हार का सामना करना पड़ा। एन.डी.ए. की बात करें तो 2019 के मुकाबले उसे तीन सीटें कम मिलीं। पिछली बार 18 सीटें मिली थीं तो इस बार 15 मिलीं। कांग्रेस को पिछली बार चार सीटें मिली थीं तो इस बार सात मिलीं। इनमें से तीन तो उसे असम में मिलीं, जहाँ लंबे समय तक सत्ता में रहने के बाद कांग्रेस दो बार से लगातार बीजेपी से हार रही है।

मणिपुर

बीजेपी के लिए सबसे बड़ा झटका मणिपुर ही रहा। यहाँ दोनों सीटें पिछली बार बीजेपी ने जीती थीं, लेकिन इस बार दोनों सीटें कांग्रेस को मिली हैं। मणिपुर में एक साल से चल रही घरेलू हिंसा का नुकसान बीजेपी को उठाना पड़ा। खासतौर से मैतेयी समुदाय के प्रभाव वाले इलाके में बीजेपी की हार उसके लिए बड़ा झटका है। मणिपुर में कांग्रेस को 47.59% वोट मिले, जबकि बीजेपी को केवल 16.58%। बीजेपी ने इनर मणिपुर सीट पर चुनाव लड़ा और उसके प्रत्याशी टी. बसंत कुमार सिंह को कांग्रेस के ए. बिमोल एकोईजम से एक लाख मतों से हार का सामना करना पड़ा। बीजेपी ने आउटर मणिपुर सीट से नागा पीपुल्स फ्रंट के प्रत्याशी के. टी. जिमिक को समर्थन दिया था, लेकिन वे कांग्रेस के अल्फ्रेड के. एस. अर्थर से 85418 मतों से हार गए। 2019 में ये दोनों सीटें बीजेपी और एन.पी.एफ. ने जीती थीं। इनर मणिपुर से बीजेपी के आर.के. रंजन सिंह 17755 मतों से जीते थे और उन्होंने कांग्रेस के ओ.एन. सिंह को हराया था। आउटर मणिपुर सीट पर पिछली बार बीजेपी और एन.पी.एफ. आमने-सामने थे। बीजेपी यह सीट हार गई थी, लेकिन बाद में एन.पी.एफ. ने एन.डी.ए. जॉइन कर ली थी। इस बार जो हालात मणिपुर के चल रहे थे, उन्हें देखते हुए बीजेपी ने यह सीट एन.पी.एफ. के लिए छोड़ दी थी, लेकिन बात नहीं बन सकी।

मणिपुर में कांग्रेस को 47.59% वोट मिले, जबकि बीजेपी को केवल 16.58%। बीजेपी ने इनर मणिपुर सीट पर चुनाव लड़ा और उसके प्रत्याशी टी. बसंत कुमार सिंह को कांग्रेस के ए. बिमोल एकोईजम से एक लाख मतों से हार का सामना करना पड़ा।

अरुणाचल प्रदेश/त्रिपुरा/सिक्किम

वैसे अगर मणिपुर को छोड़ दिया जाए तो बीजेपी ने अरुणाचल प्रदेश और त्रिपुरा की दोनों सीटों को पिछली बार की तरह इस बार भी जीता।

अरुणाचल प्रदेश में वेस्ट सीट से लगातार तीसरी बार केंद्रीय मंत्री किरेन रिजिजू जीते और ईस्ट सीट से तापिर गाओ ने जीत हासिल की। रिजिजू तो 2014 से लगातार केंद्र में मंत्री रहे हैं और इस बार तो उनको संसदीय कार्यमंत्री जैसा जिम्मेदार पद दिया गया है।

सिक्किम में बीजेपी समर्थित सिक्किम क्रांतिकारी मोर्चा के इंद्र हांग सुब्बा ने सिटीजन एक्शन पार्टी के भारत बासनेट को 80 हजार मतों से हराया। त्रिपुरा की वेस्ट सीट से पूर्व मुख्यमंत्री बिप्लब कुमार देब और ईस्ट से कीर्ति देव बर्मन ने बड़ी जीत हासिल की। यह राज्य तो अब उत्तर-पूर्व में बीजेपी का सबसे मजबूत गढ़ बन गया है।

सिक्किम में बीजेपी समर्थित सिक्किम क्रांतिकारी मोर्चा के इंद्र हांग सुब्बा ने सिटीजन एक्शन पार्टी के भारत बासनेट को 80 हजार मतों से हराया। त्रिपुरा की वेस्ट सीट से पूर्व मुख्यमंत्री बिप्लब कुमार देब और ईस्ट से कीर्ति देव बर्मन ने बड़ी जीत हासिल की। यह राज्य तो अब उत्तर-पूर्व में बीजेपी का सबसे मजबूत गढ़ बन गया है। दो बार से यहाँ बीजेपी की सरकार भी बन रही है और लोकसभा चुनावों में भी उसे जीत मिल रही है। यहाँ बीजेपी की जीत कितनी बड़ी है, इसका अनुमान आप इसी से लगा सकते हैं कि देब 6,11,578 वोट से और देबबर्मन 4,86,819 मतों के भारी अंतर से जीते। इन छोटे-छोटे राज्यों की लोकसभा सीटें भी छोटी-छोटी हैं, लेकिन त्रिपुरा की जीत बहुत बड़ी रही। वेस्ट सीट पर कांग्रेस और ईस्ट सीट पर सी.पी.आई.एम. दूसरे नंबर पर रही। बीजेपी को यहाँ कुल वैध मतों के 70.72% वोट मिले। नागालैंड की एकमात्र सीट दो बार से स्थानीय पार्टियों के पास थी, लेकिन इस बार यह सीट कांग्रेस ने जीत ली।

असम

उत्तर-पूर्व के राज्यों में असम लोकसभा चुनाव के लिहाज से एक बड़ा राज्य है। यहाँ 14 लोकसभा सीटें दाँव पर होती हैं। हालाँकि यहाँ के तेज-तर्रार

मुख्यमंत्री हिमंता बिस्वा सरमा ने दावा तो किया था कि वे कम-से-कम 12 सीटें इस बार बीजेपी को जितवा देंगे, लेकिन यहाँ जीत का मीटर जस-का-तस रहा। नौ सीटें ही पिछली बार मिली थीं और इतनी ही इस बार भी मिलीं। 2014 में भाजपा ने यहाँ सात सीटें जीती थीं और इसके बाद यहाँ 2015 में पहली बार बीजेपी की सरकार बनी थी तथा सर्वानंद सोनावाल सी.एम. बने थे। हिमंता बिस्वा सरमा नए-नए कांग्रेस छोड़कर बीजेपी में आए थे और उनका कूलिंग पीरियड चल रहा था। 2021 में फिर बीजेपी की सरकार बनी तो सरमा मंत्री से मुख्यमंत्री बना दिए गए और सोनोवाल को केंद्रीय राजनीति में ले आया गया। बीजेपी ने इस बार नौ सीटें जीतीं और एक-एक सीट इसके सहयोगी दलों असम गण परिषद् और यू.पी.पी.एल. (यूनाइटेड पीपुल्स पार्टी-लिबरल) ने जीती। कांग्रेस को तीन सीटें (ढुबरी, नागाँव और जोरहाट) मिलीं।

2014 में भाजपा ने यहाँ सात सीटें जीती थीं और इसके बाद यहाँ 2015 में पहली बार बीजेपी की सरकार बनी थी तथा सर्वानंद सोनावाल सी.एम. बने थे। हिमंता बिस्वा सरमा नए-नए कांग्रेस छोड़कर बीजेपी में आए थे और उनका कूलिंग पीरियड चल रहा था।

ढुबरी लोकसभा सीट का जरूर जिक्र होगा। ये सीट कांग्रेस ने ए.आई.यू.डी.एफ. (आल इंडिया यूनाइटेड डेमोक्रेटिक फ्रंट) के नेता बदरुद्दीन अजमल से छीनी है। अजमल तीन बार से लगातार इस सीट को जीत रहे थे। खास बात यह है कि ओवैसी की तरह मुसलमानों के वोटों पर दाँव खेलने वाले अजमल लंबे समय से बीजेपी के निशाने पर रहे थे। उनके द्वारा संचालित मदरसों व अन्य संस्थानों पर विदेश से पैसा लेने के कई मामले चलते रहे हैं। इसके अलावा 2021 के विधानसभा चुनाव में राहुल गांधी ने जिद करके उनकी पार्टी के साथ गठबंधन किया था। जोरहाट से कांग्रेस सांसद और राहुल के करीबी गौरव गोगोई ने यह गठबंधन कराया था। जबकि असम से ही सांसद रही सुष्मिता देव ने इसका विरोध किया था और नाराज होकर कांग्रेस छोड़ दी थी। देव ने बाद में टी.एम.सी. जॉइन कर ली थी और अब राज्यसभा सांसद हैं।

विस चुनाव के समय कांग्रेस को आभास हो गया कि मुसलमान अजमल को वोट दे रहे हैं और कांग्रेस के बजाय फायदा ए.आई.यू.डी.एफ. को ही हो रहा है। इसलिए इस बार कांग्रेस ने अजमल के खिलाफ रकीबुल हसन के रूप में एक दमदार प्रत्याशी उतारा और अजमल 10,12,476 वोटों से हारे, जो कि एक कीर्तिमान है। हसन को 14,71,885 वोट मिले। इस सीट पर मुसलमानों की घनी आबादी है। यहाँ 13 प्रत्याशियों में से 10 प्रत्याशी मुसलिम थे।

कांग्रेस यहाँ लगातार तीसरी बार तीन लोकसभा सीटें जीती। वैसे असम में इस बार लोकसभा सीटों का नए सिरे से परिसीमन भी एक बड़ा मुद्दा रहा। खासतौर से ढुबरी लोकसभा सीट, जिसमें 11 विधानसभा सीटें आती हैं, का परिसीमन बहुत ही दिलचस्प है। इसके बगल वाली बारपेटा लोकसभा सीट भी मुसलिम बहुल मानी जाती थी, लेकिन उसकी मुसलिम आबादी वाला काफी इलाका भी ढुबरी में जोड़ दिया गया है। और इस तरह से यह असम की सबसे बड़ी लोकसभा सीट बन गई है, जिसमें 26.43 लाख वोटर हैं। इनमें से 85% बंगाली बोलने वाले मुसलमान हैं। जबकि बारपेटा लोकसभा सीट, जिसमें 19.5 लाख वोटर हैं, में मुसलिम वोटर 30–35% रह गए हैं, जबकि यहाँ पर 50% से ज्यादा वोटर मुसलमान हुआ करते थे। यहाँ के मुसलमान भी ज्यादातर बंगाली मुसलमान हैं। अनुमान है कि 7.84 लाख मुसलिम वोट बारपेटा से ढुबरी में जोड़ दिए गए हैं। मुख्यमंत्री हिमंता बिस्वा सरमा ने साफ कह दिया था कि मैं ढुबरी के परिणाम नहीं बदल सकता। मैं वहाँ पर प्रचार करने भी नहीं जाऊँगा। यहाँ बीजेपी ने अपने गठबंधन के साथी असम गण परिषद् को प्रत्याशी उतारने को कहा था। एजीपी ने जावेद इसलाम को टिकट

अनुमान है कि 7.84 लाख मुसलिम वोट बारपेटा से ढुबरी में जोड़ दिए गए हैं। मुख्यमंत्री हिमंता बिस्वा सरमा ने साफ कह दिया था कि मैं ढुबरी के परिणाम नहीं बदल सकता। मैं वहाँ पर प्रचार करने भी नहीं जाऊँगा। यहाँ बीजेपी ने अपने गठबंधन के साथी असम गण परिषद् को प्रत्याशी उतारने को कहा था।

दिया था और अपने बयान के बावजूद सरमा दो मई को वहाँ कैंपेन करने भी गए थे, लेकिन इससे नतीजे पर कोई फर्क नहीं पड़ा। वैसे इसलाम को एक लाख वोट मिल भी गए थे। जाहिर है, ये वोट मुसलमानों के नहीं रहे होंगे। वैसे कांग्रेस और राहुल गांधी के लिए असम की एक ही सीट जीतनी सबसे जरूरी थी, और वो थी जोरहाट। यहाँ से उनके सबसे करीबी और पूर्व मुख्यमंत्री स्व. तरुण गोगोई के बेटे गौरव गोगोई चुनाव लड़ रहे थे। इस बार गौरव को बीजेपी के प्रत्याशी तोपोन कुमार गोगोई से काफी अच्छी टक्कर मिली। लेकिन इस लोकसभा सीट से केवल चार ही प्रत्याशी मैदान में थे और इसका फायदा गौरव गोगोई को मिला। उनके वोट बँटे नहीं और वे एक बार फिर संसद में पहुँचने में सफल रहे।

□

370 के बाद का जम्मू-कश्मीर

2019 से 2024 के लोकसभा चुनाव के बीच जम्मू और कश्मीर में बहुत बड़ा बदलाव हुआ। 2019 में अमित शाह ने गृह मंत्री बनने के चार महीने के भीतर ही जम्मू-कश्मीर से आर्टिकल 370 हटाने का ऐलान कर दिया। 5 अगस्त, 2019 को, अमित शाह ने राज्यसभा में इस आशय का बिल पेश किया और इस राज्य को जम्मू-कश्मीर और लद्दाख, दो केंद्र शासित राज्यों में बदल दिया। इसके बाद विधानसभा व लोकसभा सीटों के परिसीमन की लंबी प्रक्रिया भी चली। 370 को हटाए जाने के खिलाफ विपक्ष व घाटी के नेताओं के द्वारा लंबी कानूनी लड़ाई लड़ी गई, लेकिन अंत में चार साल बाद सुप्रीम कोर्ट की सात जजों की संविधान पीठ ने मोदी सरकार के इस ऐतिहासिक कदम की सराहना की और ये भी मुहर लगा दी कि सरकार ने जिस प्रकार से इसे हटाया, वह पूर्ण रूप से संविधान के दायरे में था। कपिल सिब्बल जैसे नामी वकील इस मामले को लगातार उठा रहे थे और सुप्रीम कोर्ट के इस फैसले पर उन्होंने खुलेआम असहमति जताई। अपने यूट्यूब चैनल पर एक इंटरव्यू में पी. चिदंबरम जैसे सीनियर वकील व उनके साथी पूर्व केंद्रीय मंत्री के साथ वो यह कहते भी पाए गए कि—'बताइए, हमें पता ही नहीं था कि राष्ट्रपति के एक हस्ताक्षर से 370 को हटाया जा सकता है। जबकि हम तो सोचते थे कि ऐसा संभव ही नहीं है।' हालाँकि सब जानते हैं कि इस बड़े फैसले के बाद भी बीजेपी को इस राज्य में कोई राजनीति लाभ नहीं हो सकता, इसके बावजूद इस फैसले को सराहा गया। बीजेपी के मेनिफेस्टो में 80 के दशक से ही 370 हटाने की बात हमेशा

रही है। और उसने मौका मिलते ही यह कर भी दिखाया। कई विपक्षी दलों ने भी संसद में इस प्रक्रिया में अपना सहयोग दिया।

लोकसभा चुनाव के नतीजे बेहद चौंकाने वाले आए। जम्मू-कश्मीर की राजनीति की धुरी रहे नेशनल कॉन्फ्रेंस और पीडीपी को बड़ा झटका इन चुनावों में लगा। उमर अब्दुल्ला और महबूबा मुफ्ती, दोनों ही बुरी तरह से चुनाव हारे। जम्मू क्षेत्र में बीजेपी का दबदबा कायम रहा। केंद्रीय मंत्री जीतेंद्र सिंह लगातार तीसरी बार उधमपुर से सांसद चुने गए, जबकि जम्मू से जुगल किशोर ने भी अपनी सीट कायम रखने में सफलता हासिल की। पाँच साल पहले घाटी की तीनों सीटें, जो मुसलिम बहुल हैं, नेशनल कॉन्फ्रेंस ने जीती थीं। इस बार श्रीनगर और अनंतनाग-राजौरी की लोकसभा सीटें नेशनल कॉन्फ्रेंस ने जीतीं, लेकिन पूर्व सी.एम. उमर अब्दुल्ला चुनाव हार गए। उन्हें बारामुला से निर्दलीय प्रत्याशी अब्दुल राशिद शेख उर्फ राशिद इंजीनियर से दो लाख मतों के भारी अंतर से हार का मुँह देखना पड़ा। इस सीट के बारे में थोड़ा विस्तार से चर्चा करनी होगी। उमर अब्दुल्ला के सामने जीतने वाला राशिद इंजीनियर टेरर फंडिंग के मामले में जेल में था और उसके बेटों ने उसके लिए प्रचार किया। यह कुछ उसी तरह की जीत थी, जैसी पंजाब के खडूर साहिब से खालिस्तान समर्थक अमृतपाल की। अमृतपाल पर खालिस्तानी मूवमेंट से जुड़े होने के कारण एन.एस.ए. लगाया गया था और वह एक साल से जेल में था। राशिद की जीत ने यह भी संदेश दिया कि पाकिस्तान समर्थित अलगाववादी ताकतें अब नेशनल कॉन्फ्रेंस व पीडीपी पर भरोसा नहीं कर रहीं। चुनाव से पहले जम्मू क्षेत्र में बढ़ गई आतंकी घटनाएँ इस बात का प्रमाण थीं कि पाकिस्तान समर्थित आतंकी संगठनों ने अपना काम करने का

उमर अब्दुल्ला और महबूबा मुफ्ती, दोनों ही बुरी तरह से चुनाव हारे। जम्मू क्षेत्र में बीजेपी का दबदबा कायम रहा। केंद्रीय मंत्री जीतेंद्र सिंह लगातार तीसरी बार उधमपुर से सांसद चुने गए, जबकि जम्मू से जुगल किशोर ने भी अपनी सीट कायम रखने में सफलता हासिल की।

तौर-तरीका बदल दिया है। इसी का असर चुनाव में भी दिखा। जब उन्हें लगा कि अब्दुल्ला-मुफ्ती किसी काम के नहीं तो उन्होंने अलगाववादी सोच रखने वाले नेताओं का समर्थन करना शुरू कर दिया। श्रीनगर सीट से नेशनल कॉन्फ्रेंस के आगा सैयद रुहुल्लाह मेहदी और अनंतनाग-राजौरी से मियाँ अलताफ अहमद ने जीत हासिल की। अनंतनाग-राजौरी से महबूबा मुफ्ती भी चुनाव लड़ रही थीं, लेकिन उन्हें 2,81,794 मतों की करारी हार मिली। चुनाव से पहले महबूबा चाहती थीं कि इंडिया ब्लॉक के सदस्य होने के कारण नेशनल कॉन्फ्रेंस ये सीट उनके लिए छोड़ दे, लेकिन उमर अब्दुल्ला ने इससे साफ इनकार कर दिया।

वैसे इस बार जम्मू-कश्मीर में मतदान के प्रतिशत में भारी उछाल देखने को मिला। हालाँकि इसकी वजह यही थी कि 370 को हटाने के खिलाफ मुसलमानों में नाराजगी थी। फिर जिस तरह पूरे देश में मुसलमानों ने संगठित होकर योजनाबद्ध तरीके से बीजेपी के खिलाफ मतदान किया, उससे घाटी भी अछूती नहीं रही। 2019 में यहाँ केवल 14.5% मतदान हुआ था, लेकिन इस बार 59.7% मतदान हुआ, जो आँखें खोल देने वाला था। पिछले तीन दशक में मतदाता कभी इस तरह से उत्साहित नहीं था। पाकिस्तान समर्थक ताकतें लोगों को भड़का रही थीं कि 370 को हटाया जाना कश्मीरियों के मूलभूत अधिकार के साथ छेड़छाड़ है। जबकि हकीकत यह थी कि आम जनता को इससे लाभ हुआ था। पर्यटकों की संख्या में जबरदस्त इजाफा हुआ था। फिर भी कश्मीर के तमाम अलगाववादी नेता, जिनका खर्चा-पानी नरेंद्र मोदी सरकार ने बंद कर दिया था और यासीन मलिक जैसे लोग जेल में थे, लगातार जनता को भड़का रहे थे। जनता का भरोसा उमर अब्दुल्ला और महबूबा मुफ्ती जैसे नेताओं से भी उठ गया है, यह संदेश इन चुनावों में देखने को मिला।

लद्दाख

कश्मीर के साथ ही लद्दाख को एक अलग केंद्र शासित राज्य का दर्जा दिया गया है, इसलिए इसका जिक्र भी यहाँ जरूरी है। पाँच साल पहले यहाँ बीजेपी के टिकट पर जीते युवा सांसद नामग्याल इस बार सीन से गायब थे।

चीन के भारतीय सीमा में अतिक्रमण को लेकर पार्टी लाइन से अलग हटकर बयान देने के कारण उनका टिकट काट दिया गया। जब धारा 370 को हटाया गया था तो नामग्याल की संसद में दी गई स्पीच बेहद वायरल हुई थी। सोशल मीडिया पर शायद ही किसी स्पीच को इससे पहले इतना ज्यादा देखा व सराहा गया। इसके बावजूद नामग्याल पाँच साल बाद सीन से गायब थे। बीजेपी ने इस बार ताशी गइलसन को टिकट दिया, लेकिन वे हार गए। त्रिकोणीय मुकाबले में निर्दलीय प्रत्याशी मोहम्मद हनीफा जीत गए। कांग्रेस को दूसरा नंबर मिला। हनीफा कभी नेशनल कॉन्फ्रेंस के साथ हुआ करते थे, लेकिन वे कारगिल क्षेत्र की पूरी टीम को लेकर पार्टी से अलग हो गए थे और निर्दलीय चुनाव लड़े।

सोशल मीडिया पर शायद ही किसी स्पीच को इससे पहले इतना ज्यादा देखा व सराहा गया। इसके बावजूद नामग्याल पाँच साल बाद सीन से गायब थे। बीजेपी ने इस बार ताशी गइलसन को टिकट दिया, लेकिन वे हार गए। त्रिकोणीय मुकाबले में निर्दलीय प्रत्याशी मोहम्मद हनीफा जीत गए। कांग्रेस को दूसरा नंबर मिला।

गोवा

गोवा में बँटवारा बीजेपी और कांग्रेस के बीच ही हुआ। दोनों को एक-एक लोकसभा सीट मिली। उत्तरी गोवा से बीजेपी के श्रीपद नाइक ने कांग्रेस के रमाकांत खलप को 11,6015 वोटों से हराया। दक्षिण गोवा से कांग्रेस के कैप्टन वी. फर्नांडिस ने भाजपा की पल्लवी श्रीनिवास डेम्पो को 13,535 वोटों से हराया। बीजेपी दूसरी सीट जीतते-जीतते रह गई। फर्नांडिस कारगिल की लड़ाई में शामिल रहे थे। यह इलाका ईसाई आबादी के लिए जाना जाता है। 40% से अधिक आबादी ईसाई है। बीजेपी प्रत्याशी पल्लवी डेम्पो बीजेपी की ओर से पहली महिला उम्मीदवार थीं। उनको देश के सबसे अमीर प्रत्याशियों में गिना गया। वे एक कारोबारी घराने से आती हैं। उन्होंने चुनाव भी पूरी ताकत के साथ लड़ा। पाँच साल पहले भी यहाँ कांग्रेस व बीजेपी एक-एक

की बराबरी पर छूटे थे। बीजेपी को 50.8% व कांग्रेस को 39.7% वोट मिले। इस इलाके में आदिवासी मतदाताओं में उदासीनता का खामियाजा भी भगवा पार्टी को उठाना पड़ा। वैसे केंद्रीय मंत्री श्रीपद नाइक की जीत पर बीजेपी संतोष कर सकती है। वे छठी बार सांसद बने हैं।

अन्य केंद्र शासित क्षेत्र

अंडमान एवं निकोबार में बीजेपी ने सीट कांग्रेस से छीन ली। चंडीगढ़ में कांग्रेस ने इस बार बीजेपी को चित कर दिया। यहाँ पूर्व केंद्रीय मंत्री मनीष तिवारी ने बीजेपी के संजय टंडन को हराया। हालाँकि तिवारी की जीत बहुत ही मामूली अंतर से हुई। वे केवल 2,504 वोटों से जीते। बीजेपी के टिकट पर यहाँ दो बार से अभिनेत्री किरण खेर जीत रही थीं, लेकिन कैंसर के इलाज के बाद उनकी सेहत को देखते हुए बीजेपी ने इस बार संजय टंडन को टिकट दिया। मनीष तिवारी पिछली बार आनंदपुर साहिब से जीते थे, लेकिन इस बार उन्हें चंडीगढ़ भेजा गया था। हालाँकि चंडीगढ़ को पढ़े-लिखे लोगों का शहर माना जाता है, लेकिन यहाँ मतदान करने में रुचि बहुत कम लोगों की रहती है। केंद्र शासित क्षेत्रों में दादरा नगर हवेली और दमन व दीव की एक सीट एन.डी.ए. के हिस्से में आई और एक निर्दलीय के। लक्षद्वीप की मुसलिम बहुल सीट कांग्रेस को मिली। पुडुचेरी में भी कांग्रेस ने सीट जीती।